Scoprire i Giochi Gratuiti Online

Disponibile Qui:

BestActivityBooks.com/FREEGAMES

5 CONSIGLI PER INIZIARE

1) COME RISOLVERE LE PAROLE INTRECCIATTE

I puzzle hanno un formato classico:

- Le parole sono nascoste senza spazi o trattini,...
- Orientamento: Le parole possono essere scritte in avanti, indietro, verso l'alto, verso il basso o in diagonale (possono essere invertite).
- Le parole possono sovrapporsi o intersecarsi.

2) APPRENDIMENTO ATTIVO

Accanto ad ogni parola c'è uno spazio per scrivere la traduzione. Per incoraggiare l'apprendimento attivo, un **DIZIONARIO** alla fine di questa edizione vi permetterà di controllare e ampliare le vostre conoscenze. Cerca e scrivi le traduzioni, trovale nel puzzle e aggiungile al tuo vocabolario!

3) SEGNARE LE PAROLE

Puoi inventare il tuo sistema di segni. Forse ne usi già uno? Per esempio, puoi segnare le parole difficili da trovare con una croce, le parole preferite con una stella, le parole nuove con un triangolo, le parole rare con un diamante, e così via.

4) STRUTTURARE L'APPRENDIMENTO

Questa edizione offre un **TACCUINO** alla fine del libro. In vacanza, in viaggio o a casa, puoi organizzare facilmente le tue nuove conoscenze senza bisogno di un secondo quaderno!

5) AVETE FINITO TUTTE LE GRIGLIE?

Nelle ultime pagine di questo libro, nella sezione della **SFIDA FINALE**, troverete un gioco gratuito!

Facile e veloce! Dai un'occhiata alla nostra collezione di libri di attività per il tuo prossimo momento di divertimento e **apprendimento,** a portata di clic!

Trova la tua prossima sfida su:

BestActivityBooks.com/MioProssimoLibro

Ai vostri posti, pronti...Via!

Sapevi che ci sono circa 7.000 lingue diverse nel mondo? Le parole sono preziose.

Amiamo le lingue e abbiamo lavorato duramente per creare libri di altissima qualità. I nostri ingredienti?

Una selezione di argomenti adatti all'apprendimento, tre buone porzioni di intrattenimento, una cucchiaiata di parole difficili e una spolverata di parole rare. Li serviamo con amore e entusiasmo in modo che tu possa risolvere i migliori giochi di parole e divertirti imparando!

La vostra opinione è essenziale. Puoi partecipare attivamente al successo di questo libro lasciandoci un commento. Ci piacerebbe sapere cosa ti è piaciuto di più di questa edizione.

Ecco un link veloce alla pagina dell'ordine:

BestBooksActivity.com/Recensione50

Grazie per il vostro aiuto e buon divertimento!

Tutta la squadra

1 - Scacchi

```
P L D E Q D F S G D S S U D
A H W I L W Q D E Y E T Z P
S W L V A O V J S R B R J S
I Z O C E G J Y F B A A M A
V K J J Z P O Ë I Z R T B K
E O T I E Z E N D H D E R R
Y N A Z Z P X K A L H G E I
M K R W Ë W O K T L Ë J T F
M U H V Y Y B A M L E I Ë I
M R P Ë R T Ë M Ë S U A R C
B S I N K U Q P T T K Q E Ë
R C K J K S T I B L V O S E
E P Ë R E L Y O J C U Z H A
T T U R N E U N M N F C A A
```

E BARDHË	PIKË
KAMPION	MBRET
KONKURS	MBRETËRESHA
DIAGONALE	SAKRIFICË
LOJTAR	SFIDAT
LOJË	STRATEGJIA
E ZEZË	KOHA
PASIVE	TURNEU
PËR TË MËSUAR	

2 - Aggettivi #2

```
P E A I F A M S H Ë M L S N
R L U P Ë R G J E G J Ë S O
O E T E K R I P U R D K Q R
D G E Ë M B Ë L T W Z S C M
U A N B X N U E Z H H X N A
K N T T D K R A H L A D Q L
T T I I R I I N S R B T L E
I E K D R A M A T I K E Ë A
V O E R F J H T U D B O V A
E J C W E B R Y H W Z I F B
X Q I U C N K R A J D L H A
Y E A O O X A O F C J C D G
I P A S T Ë R R I F O R T Ë
K R I J U E S E K O J G X S
```

URI
THATË
AUTENTIKE
KRIJUES
E ËMBËL
DRAMATIKE
ELEGANTE
I FAMSHËM
I FORTË

NATYRORE
NORMALE
I RI
KRENAR
PRODUKTIVE
I PASTËR
PËRGJEGJËS
E KRIPUR

3 - Mobili

```
S  H  T  R  A  T  K  J  A  S  T  Ë  K  Ë
K  A  I  P  H  U  D  K  A  G  S  P  I  T
T  M  S  S  X  V  Y  O  Q  S  K  J  A  A
T  A  N  Y  O  A  S  L  P  I  T  D  A  V
N  K  S  T  O  L  H  L  E  J  L  Ë  H  O
K  A  R  R  I  G  E  T  R  L  L  I  K  L
G  R  A  P  P  R  K  U  D  G  A  L  M  I
P  M  F  A  Y  M  F  K  E  Y  M  G  C  N
Y  O  T  S  E  P  A  U  S  R  B  A  Q  Ë
K  I  E  Q  M  E  E  D  T  Z  Ë  I  Q  A
N  R  T  Y  M  M  A  X  K  O  C  D  J  V
A  E  Z  R  M  D  X  J  V  Q  N  U  N  A
P  H  N  Ë  P  S  M  I  K  H  Y  G  B  B
K  R  E  V  A  T  Y  O  T  Y  I  V  N  V
```

HAMAK	STOL
ARMOIRE	KOLLTUK
JASTËKË	RAFTET
JASTËK	TAVOLINË
SHTRAT	KARRIGE
FUTON	PASQYRË
LLAMBË	QILIM
KREVAT	PERDE
DYSHEK	

4 - Pesca

```
T F U E Z G O R X F Q U M N
H I J Q K U O U G I H B V Q
L N I S Z Z M M S U M G R W
R S T H E G A T U A J R K C
I D E P G Y B G L I Q E N I
S L M O P D C P J P W P U O
P U G R G U S H Ë E J A V U
K L V T T R C Y Q S R J E E
A A A Ë E I V P M H Y I L V
O J R Z L M H L C A M S M O
C P K R H S E Z O N D J W Q
M W Ë P E M F S X P K E Q E
A G A M R M L U M I W I B A
U P N O F U L L A P N X X N
```

UJI	GREP
PAJISJE	LIQENI
VARKË	NOFULLA
GUSHË	OQEAN
SHPORTË	DURIM
GATUAJ	PESHA
EKZAGJERIM	FINS
KARREM	PLAZH
TEL	SEZON
LUMI	

5 - Aggettivi #1

```
I  H  O  L  L  Ë  X  E  S  J  A  N  I  M
G  J  A  T  Ë  W  C  E  M  Y  K  D  M  E
N  M  B  E  Y  T  Z  D  A  A  I  C  A  V
M  P  N  U  K  R  J  G  M  S  D  P  D  L
O  T  P  Y  J  Z  F  C  B  C  E  H  H  E
O  B  T  L  G  A  O  G  I  C  N  E  E  R
Q  A  K  T  I  V  R  T  C  T  T  R  P  Ë
N  D  E  R  S  H  Ë  M  I  S  I  Ë  E  J
A  B  S  O  L  U  T  E  O  K  K  N  R  L
M  O  D  E  R  N  E  M  Z  Y  E  D  F  I
A  R  T  I  S  T  I  K  E  G  U  Ë  E  R
E  R  Ë  N  D  Ë  S  I  S  H  M  E  K  I
N  G  A  T  H  Ë  T  Q  O  I  Q  F  T  V
G  Y  N  Z  A  A  R  O  M  A  T  I  K  E
```

AMBICIOZE
AROMATIKE
ARTISTIKE
ABSOLUTE
AKTIV
I MADH
EKZOTIKE
BUJAR
I RI
E MADHE

IDENTIKE
E RËNDËSISHME
NGATHËT
GJATË
MODERNE
NDERSHËM
PERFEKT
E RËNDË
ME VLERË
I HOLLË

6 - Geologia

```
P F I I M K O N T I N E N T
Z Q W L A V A C K R I P Ë Ë
E S Q J E R O Z I O N I V R
R Y A W H R Y K U A R C U M
G E J Z E R K R I S T A L E
I G A S T A L A K T I T L T
K A L C I U M G H A G Q K S
P L L A J Ë V A U V C M A H
M I N E R A L E T R K I N T
F O S I L E G Z Q Q A J D R
V E S D S H P E L L Ë F H E
T I F L B N A R T G L B Y S
S T A L A G M I T E T U S Ë
X D P G D U I V Y M A B G X
```

ACID
PLLAJË
KALCIUM
SHPELLË
KONTINENT
KORAL
KRISTALE
EROZIONI
FOSILE
GEJZER

LAVA
MINERALET
GUR
KUARC
KRIPË
STALAGMITET
STALAKTIT
SHTRESË
TËRMET
VULLKAN

7 - Campeggio

```
F Z B S R N M L A W X S Q O
G J U E T I A G R H Ë N A Q
Q A S P Y L L V G A O A V T
J R U N H K D Y Ë M P T E Ç
G R L D V F Q E T A L Y N A
H K L G A P T R I K I R T D
D A A H A R T Ë M S Q A U Ë
I B I F M S Z K L V E E R R
O I W I S O M S I I N N Ë P
D N E A K H B P T N I K Z E
G A E Q N A Ë X A S P G T M
K A P E L Ë N T R E P F X Ë
S S V N Z N D O T K V V V T
O F W K A V K T E T H L Z O
```

PEMËT

HAMAK

KAFSHËT

AVENTURË

BUSULL

KABINA

GJUETIA

KANOE

KAPELË

LITAR

ARGËTIM

PYLL

ZJARR

INSEKT

LIQENI

HËNA

HARTË

MAL

NATYRA

ÇADËR

8 - Arti Visive

```
B S L B Q D N P B A L T A D
E H A A S K U L P T U R Ë Y
A H R W P K Ë M B A L E C L
X E K M R S A B M Q C Z U L
S T I L O L A P S F A G K I
P O T K R Y E V E P Ë R U S
O Q E R A M I K Ë P I T J H
R L K Y I K A K L I S H E K
T L T P Ë R B Ë R J A Q K U
R A U K R I J I M T A R I M
E K R S Q J A R T I S T F Ë
T Y Ë Z F O T O G R A F I S
P E R S P E K T I V Ë L L C
Q Y M Y R D R U R I Q E M V
```

ARKITEKTURË	FILM
BALTA	FOTOGRAFI
ARTIST	SHKUMËS
KRYEVEPËR	LAPS
QYMYR DRURI	STILOLAPS
KËMBALEC	PERSPEKTIVË
DYLLI	PORTRET
QERAMIKË	SKULPTURË
PËRBËRJA	KLISHE
KRIJIMTARI	LLAK

9 - Ginnastica

```
K E L A Z M A D U A R T T F
B S G R U D J H P S E G R O
R I O E K I P I U I Z J A R
S H K A T H T Ë S I U I J C
H M U Z I K A W S K L M N Ë
K O M B I N I M E T T N E G
U Q O T E L D J Y T A A R J
M H S P R B V I T A T S E Y
Ë D A G E K S T V E E T V Q
S K Ë R C I M V M I T Ë N T
V R U T I N Ë L Y Y D T M A
C W K V D N B R N I M U M R
L E O T A R D Ë T F I R A Q
G J I M N A Z I C D J X F L
```

SHKATHTËSI
TRAJNER
LEOTARDËT
HOOP
KOMBINIMET
FORCË
SHKUMËS
GJIMNASTËT
GJYQTAR

INDIVIDUAL
DUART
MUZIKA
GJIMNAZI
REZULTATET
RUTINË
KËRCIM
EKIPI

10 - Esplorazione

```
H U D H Ë T I M I I V O V K
I A J B V M Q L O D H J E U
I Y P Z R E K S I T I M N L
R E H Ë K R A C G S Q L D T
I X G O S Z E G U L C P O U
A U M Ë A I D Z X T E A S R
A C X G R C R J I Q H N M A
Z B U L I M I Ë M K O J Ë T
A K T I V I T E T I S O R E
R R E Z I Q E T Z G O H I R
K Ë R K I M K K A J X U M R
N P Ë R T Ë M Ë S U A R P E
M B R G P G L X J H J I W N
K A F S H Ë T H I Ë Q N J I
```

KAFSHËT
AKTIVITETI
GUXIM
KULTURAT
VENDOSMËRI
EKSITIM
LODHJE
GJUHË
I RI
PËR TË MËSUAR

RREZIQET
RREZIKSHME
KËRKIM
PANJOHUR
ZBULIMI
I EGËR
HAPËSIRË
TERRENI
UDHËTIMI

11 - Tempo

```
S O T W C V V M O M E N T D
P H X W X W J L E P C O X E
H W E M U A J E C S P A S K
M H O K C M I Q T S D J E A
O R Ë M U R B Z E O G I H D
N G T I S L U P A K R S T E
A Y U N Q U L V R A M Ë K Ë
T A M U Y E F I D L Ë S V I
Ë C M T K T F T H E N H A M
D X B Ë S H D I M N G P Y L
D I T A P A R A J D J E J Q
G I E Q Y L J P A A E J A L
L L O U G Y O Q N R S T V C
E P Z O T P B Z A I D I A B
```

VITI
VJETOR
KALENDAR
DEKADE
PAS
E ARDHMJA
DITA
DJE
MËNGJES
MUAJ

MESDITË
MINUTË
MOMENT
NATË
SOT
ORË
SË SHPEJTI
PARA
SHEKULLI
JAVA

12 - Astronomia

```
M  J  E  G  U  L  L  N  A  J  A  K  P  A
S  P  M  R  A  K  E  T  Ë  D  V  O  E  S
D  U  D  P  H  L  U  M  Y  D  R  Z  K  T
S  W  X  N  W  P  A  Q  E  R  H  M  U  R
U  Q  T  E  L  E  S  K  O  P  Ë  O  I  O
P  W  I  Y  P  V  T  N  T  Z  N  S  N  N
E  L  T  E  Y  W  E  R  D  I  A  I  O  O
R  O  O  F  L  A  R  I  U  F  K  M  K  M
N  R  K  J  Q  L  O  E  H  U  W  Ë  S  M
O  H  A  Q  Ë  Q  I  K  D  A  Z  G  I  E
V  B  N  D  P  S  D  P  L  A  N  E  T  T
A  Y  Y  O  G  N  I  Q  H  M  R  M  K  E
G  R  A  V  I  T  E  T  I  Q  D  K  H  O
A  S  T  R  O  N  A  U  T  U  D  W  A  R
```

ASTEROIDI	HËNA
ASTRONAUT	METEOR
ASTRONOM	MJEGULLNAJA
QIELL	PLANET
KOZMOSI	RAKETË
PLOJËSI	SUPERNOVA
EKUINOKSI	TELESKOP
GALAKTIKË	TOKA
GRAVITETI	

13 - Circo

```
U  P  A  R  A  D  Ë  N  M  Z  X  B  B  S
Z  W  B  F  G  K  O  S  T  U  M  G  J  P
K  A  R  A  M  E  L  E  F  K  Z  X  B  E
S  C  T  R  A  A  G  H  B  E  Y  I  Q  K
B  C  C  Y  J  R  C  M  A  G  J  I  K  T
T  I  L  D  M  R  E  R  L  Q  A  V  M  A
R  E  L  Z  U  J  L  Y  O  I  D  S  A  K
E  M  U  E  N  I  E  N  B  X  D  G  O
G  T  A  T  T  K  F  K  A  K  A  I  J  L
O  L  N  N  F  Ë  A  P  B  R  C  T  I  A
J  S  I  X  H  O  N  G  L  E  R  I  S  R
K  A  F  S  H  Ë  T  K  Q  E  L  G  T  E
Ç  A  D  Ë  R  Y  I  M  U  Y  S  Ë  A  G
S  P  E  K  T  A  T  O  R  B  K  R  R  C
```

ACROBAT
KAFSHËT
BILETË
KARAMELE
KOSTUM
ELEFANTI
XHONGLER
LUANI
MAGJI
MAGJISTAR

TREGOJ
MUZIKA
BALONA
PARADË
MAJMUN
SPEKTAKOLARE
SPEKTATOR
ÇADËR
TIGËR

14 - Mitologia

```
H S X U M A R K E T I P I F
Y F H U P A V D E K Ë S I A
J B E K W D G M X M Q H Q L
N V L K I O R J O H Z E K E
I F O R C Ë N W I H W R F G
T V Z I T I I J H K J O R J
Ë D I J C U U W I Z E F S E
O E A E L U F T Ë T A R I N
H K H S S J E L L J E I A D
P S C A F L U K R I J I M A
U H V S L L A B I R I N T G
P Ë R B I N D Ë S H U X I F
I M W B K U L T U R A F J H
F A T K E Q Ë S I E S W E Z
```

ARKETIPI	RRUFE
SJELLJE	XHELOZIA
KRIJESA	LUFTËTARI
KRIJIM	PAVDEKËSIA
KULTURA	LABIRINT
FATKEQËSI	LEGJENDA
HYJNITË	MAGJIKE
HERO	VDEKSHËM
FORCË	PËRBINDËSH

15 - Piante

```
F K B I M Ë S I A B C B R D
C A A E J B A M B U B O R A
A F S K O W M D C S L T I V
V A N U T M C Y U H L A T B
F M I F L U B A R I P N U M
L L P K F E S Z R I L I C V
O U E P Y L L D Ë Q E K K I
R L M T Z U F F N I H Ë O R
A E Ë Z Ë O C K J V O V P Q
A O V U Z K I G Ë Y R G S R
U P F J B Z I J B F U F H K
S O Z V R E P E T A L B T Y
V L S B A I N T Q R I J W X
K W Z W M Y S H K F H I X V
```

PEMË
BAMBU
BOTANIKË
KAKTUS
BUSH
RRITU
IVY
BARI
FASULE
PLEH

LULE
FLORA
FLETË
GJETH
PYLL
KOPSHT
MYSHK
PETAL
RRËNJË
BIMËSIA

16 - Spezie

```
P X J Y V U V J N Q H S K K
I H P A Q A P B I J U P O A
P E I Q M E N L O Q D E R R
E N L J F B P I U U H C I D
R X K F K M A Ë L S Ë I A A
S H A F R A N L G J R K N M
K E N D I R G N L T E U D O
E F E E P R A Y W Z H Q Ë M
R I L Ë Ë Ë N Y Z I I I R K
R L L M U M I A E K D M N O
I G Ë B H Y S R E U H N C O
K O P Ë R S E O Q O U O E B
S R J L W H V M Z O R N P Z
A W V C I K V Ë M Y Q S J N
```

HUDHËR	KOPËR
E HIDHUR	AROMË
ANISE	JAMBALL
KANELLË	ARRËMYSHK
KARDAMOM	SPEC I KUQ
QEPË	PIPER
KORIANDËR	KRIPË
QIMNON	VANILJE
KERRI	SHAFRAN
E ËMBËL	XHENXHEFIL

17 - Numeri

```
C X M K J M T B F E X J A T
C K D Y E E V W E D W J W E
N T U G T V Z O E W N K Q T
A P R D Y M B Ë D H J E T Ë
Q M D E G J A S H T Ë N S M
Z E R O P P R G J C Z T H B
K D H J E T O R E W E E T Ë
N A F C S E G C T O T T A D
A J T T Ë F C N Ë N T Ë T H
I M Ë Ë U C B A U P S H Ë J
U C L A R C D C V B S S N E
T R E M B Ë D H J E T Ë K T
P E S Ë M B Ë D H J E T Ë Ë
N W R M A T E M A T I K Ë B
```

PESË
DHJETORE
TETËMBËDHJETË
DHJETË
DYMBËDHJETË
DY
MATEMATIKË
NËNTË
TETË

KATËR
PESËMBËDHJETË
GJASHTË
SHTATË
TRE
TREMBËDHJETË
NJË
NJËZET
ZERO

18 - Cioccolato

```
E Z E K P S H E Q E R T N E
P S X H T Ë L N B P S U R K
I X H H I W R U H K H D C Z
G T V I S D M B O J I L I O
F B S Q J I H D Ë U J S L T
B K O K O S I U L R E K Ë I
K K I P L U H U R E Ë P S K
K A R A M E L M A L L S I E
A H I R F M G W E R Z B A E
K I C E Ë M B Ë L C F K I Q
A W S C W U K A L O R I T Ë
O P P E K I K I R I K Ë T N
T A T T K A R A M E L E E S
W F M A Y B C T Y A R O M Ë
```

E HIDHUR   EKZOTIKE
KIKIRIKËT   SHIJE
MALL   AROMË
KAKAO   PËRBËRËS
KALORITË   KOKOSI
KARAMELE   PLUHUR
KARAMEL   CILËSIA
E SHIJSHME   RECETA
E ËMBËL   SHEQER

19 - Guida

```
T R A N S P O R T I K P S R
U B Z L W G A Z I P U O I R
N N H R Y T K M B E J L G E
E M O T O R S A Q J D I U Z
L T S G Z Q I K U R E C R I
Q R G L G A D I C T S I I K
P A Y A F R E N A T O A A K
M F D T R Z N A S P V B Z O
M I W L N A T K A U I C U T
J K Y Z N H Z Z M L X G T S
Z U A B Q M A H G H D H P Y
L I Ç E N S Ë R R U G Ë M E
K Ë M B Ë S O R T Y T Z Y T
K A R B U R A N T Ë G Z J Y
```

KUJDES	MOTOR
MAKINA	KËMBËSOR
AUTOBUS	RREZIK
KARBURANT	POLICIA
FRENAT	SIGURIA
GARAZH	RRUGË
GAZ	TRAFIKU
AKSIDENT	TRANSPORTI
LIÇENSË	TUNEL
HARTË	

20 - Sport

```
U A R B I T Ë R F H F P N D
D M F Q E D N K O O L T B U
L Ë V I Z J A E I K O R I F
O O G S X V S X Q E J A Ç I
J H U R T N S B G J Ë J I T
T O M B H A I J O X W N K U
A T L E T U D P L L X E L E
R F I G E Q A I F J L R E S
G J I M N A Z I U O A I T H
B Y L J Q W Y G V M S E Ë B
B A S K E T B O L L I K L M
O Z K A M P I O N A T I L M
E T E N I S Q D F L B P B H
O D H G J I M N A S T I K Ë
```

TRAJNER	LOJË
ARBITËR	GOLF
ATLET	HOKEJ
BEJSBOLLI	LËVIZJA
BASKETBOLL	GJIMNAZI
BIÇIKLETË	EKIPI
KAMPIONATI	STADIUMI
GJIMNASTIKË	TENIS
LOJTAR	FITUES

21 - Giocattoli

```
A E N I G M Ë S K O I T R W
E B P I M A G J I N A T Ë Q
R O Q R O B O T I H X A L K
O J I J E B A T E R I R V E
P Ë F K K F E E Z L W G W Q
L R T M X S E M V B Y J N W
A A T A B I W R K A M I O N
N T L K V T C K U U Y L L G
B I Ç I K L E T Ë A K Ë C T
T R E N V S H A H L R U A Q
O D H A H A V I B I V A L S
P T L O J Ë R A E B N L V L
Z A N A T E T K D R S J R L
C D K M L B T M Ë A Q O Z H
```

AEROPLAN	LOJËRA
QIFT	IMAGJINATË
ARGJILË	LIBRA
ZANATET	TOP
MAKINA	E PREFERUARA
KUKULL	ENIGMË
VARKË	ROBOTI
BATERI	SHAH
BIÇIKLETË	TREN
KAMION	BOJËRAT

22 - Strumenti di Cottura

```
T E B J C F Q A G U G M K D
H E R H K P M B Ë R G W A O
I J R G D T J F R K Y Y P L
K H L M B C X U S O F F A L
Ë P D B O M Y R H R S D K I
I Y I R L M H R Ë O H Z O P
B N Q R S E E Ë R S P S U H
R Q G F U A N T Ë T A K Ë M
I B D Z Q N E D Ë L T P O W
K O L A N D E R E R U P S R
R E N D E S S O S R L U G Ë
Y V X Y M O I Z V Q L O S V
C N G K K B T G G K M A O N
Z M K N D Ë Ë J W X C C W J
```

IBRIK	FURRË
KOLANDER	BLENDER
THIKË	RENDE
KAPAK	TAKËM
LUGË	SHPATULL
SITË	SOBË
GËRSHËRË	TERMOMETËR
PIRUN	DOLLI

23 - Uccelli

```
M B Y P Ë L L U M B S Q P A
U J P I N G U I N B H Y V B
T G E N D J I Q U F I Q O I
K H F L A M I N G O K E R Y
Y T E U L U F S T R U C I V
Q D V L K M A T R S R H Y O
P U L Ë E P Ë E O P T A B B
H E R O N J D J S E R R K N
J P P Q R R L P A L P A T Ë
R A Q Y L I Z E I I V B C C
Z O H T P I D A K K E E D B
P A P A G A L L U A Z L S T
P A L L U A E J V N Ë I Q K
Z B T O U C A N A Q F F H T
```

HERON
ROSA
LEJLEK
MJELLMË
PËLLUMB
QYQE
SHIKURT
FLAMINGO
PATË

PAPAGALL
HARABELI
PALLUA
PELIKAN
PINGUIN
PULË
STRUCI
TOUCAN
VEZË

24 - Giorni e Mesi

```
E K E P R E M T E S H S K K
L H A K T L T X K F P R O V
H H Ë L O J S V I T I Y R N
N J Q N E D I E L E Q S R Q
G K J R Ë N W Z U S N H I S
R U T I R Y D Q Q H N K K S
J X S S E B W A E T M U A J
A P D H J E T O R U T R M A
N R V T T Z D D S N E T Q V
A I Z A U E P B H Ë T J I A
R L O T A D J X O H O K W B
F L Z O Z V X I R H R F L Z
L Q V R N Ë N T O R Y V H V
E M Ë R K U R Ë E M A R T Ë
```

GUSHT
VITI
PRILL
KALENDAR
DHJETOR
E DIEL
SHKURT
JANAR
QERSHOR
KORRIK

E HËNË
E MARTË
E MËRKURË
MUAJ
NËNTOR
TETOR
E SHTUNË
SHTATOR
JAVA
E PREMTE

25 - Casa

```
G F P S L Z T Y L K A O Z B
A Ç A T I C A U X D Y E Q H
R R P P H N Z S L W C Z A K
A O A K B B Y Q I L I M S T
Z J F Z V Q L I B F V G M K
H K I G L C D D R I T A R E
W A N U G L T H A D E R A F
P T G M C I A O R U R D H S
M I O G S T V M I S U H K H
K U Z H I N A Ë B H B S O E
O Q R E B V N D B Ë I M P S
P A S Q Y R Ë X S C N Q S Ë
K X R S N O X H A K E P H C
S L V T C J S H W Q T L T N
```

PAPAFINGO

LIBRARI

DHOMË

OXHAK

KUZHINA

DUSH

DRITARE

GARAZH

KOPSHT

LLAMBË

MUR

KATI

DERA

GARDH

RUBINET

FSHESË

TAVAN

PASQYRË

QILIM

ÇATI

26 - Fantascienza

```
O G A L A K T I K Ë U C D K
U R E A L I S T E C B K S I
T D A T O M I K E L M H H N
O H C K F T T O S F I X P E
P Y L M U N R O Z A S B Ë M
I D F L T L W T J N T U R A
R X Z H U I L E A T E J T A
E O W M R S C I R A R P H C
K M B V I H U L R S I L I Y
S U O O S B A U U T O A M L
T M T Q T X N Z C I Z N Y L
R B Ë V N Ë W I F K E E G A
E T A D I S T O P I A T D Y
M R J N T E K N O L O G J I
```

ATOMIKE
KINEMA
DISTOPIA
SHPËRTHIM
EKSTREM
FANTASTIK
ZJARR
FUTURIST
GALAKTIKË
ILUZION

LIBRA
MISTERIOZE
BOTË
ORAKULLI
PLANET
REALISTE
ROBOTËT
TEKNOLOGJI
UTOPI

27 - Città

```
L U L E S H I T Ë S S L S L
T S T A D I U M I Q H I U X
F E A B A N K Ë F A K B P A
C G A L E R I B D T O R E H
J T D T L Z C F X R L A R F
A K Y L R O I E I E L R M U
K D Q X F I N H R S A I A R
L T A E R O P O R T K C R K
I T N M U Z E T M O I Y K E
N F R P D T V E E R N M E Y
I Z J E R P U L F A E S T D
K F F P G T R R R N M G E O
A C W P S U D Y H T A E B Q
M G F F A R M A C I S S I S
```

AEROPORT
BANKË
LIBRARI
KINEMA
KLINIKA
FARMACI
LULESHITËS
GALERI
HOTEL
TREGU

MUZE
DYQAN
FURKE
RESTORANT
SALLON
SHKOLLA
STADIUMI
SUPERMARKET
TEATRI

28 - Compleanno

```
K M C Q G G Y F V W X K D A
D Ë Q M L J N Y V N C F R R
H S N J N E F N I K O H A G
U X J G E M T J T A M N Z Ë
R X I Ë Ë A E R I L I X Y T
A S E Z B D S G A E Q M N I
T P R U E H A B R N A N K M
Ë E I A H E Z X R D I T A N
S C V R U P L K K A H E L Z
Q I R I N J J I N R M J O G
R A R S T H N R N T O R T Ë
E L U R T Ë S I J D M N W F
L E F E S T I M I O U V L A
Z H H K U J T I M E T R E C
```

MIQ	I RI
VITI	E MADHE
KALENDAR	FTESA
QIRINJ	LINDUR
KËNGË	DHURATË
LETRA	KUJTIMET
FESTIMI	URTËSI
ARGËTIM	SPECIALE
GËZUAR	KOHA
DITA	TORTË

29 - Fattoria #1

```
M  H  J  H  Z  Y  X  M  W  M  K  N  H  P
L  R  P  U  L  Ë  F  U  S  H  A  O  I  N
O  B  U  J  Q  Ë  S  I  A  Y  X  C  P  D
P  S  L  I  E  F  Q  N  A  G  D  L  E  E
Ë  A  J  X  N  K  F  O  U  N  H  C  J  R
W  N  M  P  M  J  A  L  T  Ë  I  G  E  R
V  Ë  W  J  H  Z  W  L  D  A  G  A  N  E
E  U  H  G  A  I  S  K  Ë  E  E  R  F  I
G  O  M  A  R  Y  J  V  I  L  J  D  A  Q
C  P  V  B  T  P  O  U  X  B  I  H  R  Y
N  E  G  I  G  L  R  H  L  C  T  W  A  Y
S  R  V  K  A  E  I  A  K  W  R  N  Z  I
B  L  E  T  Ë  H  Z  H  R  A  A  G  H  Y
V  I  Ç  S  V  W  O  F  W  D  A  L  T  O
```

UJI	MACE
BUJQËSIA	KOPE
BLETË	DERR
GOMAR	MJALTË
FUSHA	LOPË
QEN	PULË
DHI	GARDH
KALË	ORIZ
PLEH	FARA
SANË	VIÇ

30 - Paesaggi

```
L C P H T I G O D Z Q V G K
H U R X U U A Q F L J U C O
T B M K N J D H I A C L T D
R B Q I D Ë I S H P E L L Ë
A H N S Ë V S H Z U L K I R
K M P H R A H K E X Q A H Q
U A E U A R U R C F R N I Q
L L H L J Ë L E M O Ç A L G
L D P L S O L T P L A Z H E
N J E L B Q I Ë G U J Z Y J
A M C T E E Q T D G M J Ë Z
J A E C R A E I K I X A I E
Ë F M M G N N R R N P B L R
L Z D O Q H I Ë X Ë J D H U
```

UJËVARË	DET
KODËR	MAL
SHKRETËTIRË	OAZË
LUMI	OQEAN
GEJZER	MOÇAL
AKULLNAJË	GADISHULL
SHPELLË	PLAZH
AJSBERG	TUNDËR
ISHULL	LUGINË
LIQENI	VULLKAN

31 - Ristorante #2

```
U F Z R V E Z Ë F O A E E K
G R P R I R S S V K T X D A
J U L V B Ë U H A A G W K R
A K U L L Z P J I L G R B R
E A A Z Z A Ë L A J L X U I
S M E Z E P A U E I S A Q G
E A P P I J E G T W C H T E
D R E K Ë X C Ë O E S Q M Ë
L I S F E S H K R I P Ë U E
R E H G O F C S T B I C J H
K R K R J U R A Ë N R K I P
P E R I M E T U G U U P K R
X G A M F I Y R T U N M P Y
Q N D A R K A N Y A G Z G E
```

UJI
MEZE
PIJE
KAMARIER
DARKA
LUGË
E SHIJSHME
PIRUN
FRUTA
AKULL

SALLATË
SUPË
PESHK
DREKË
KRIPË
KARRIGE
ERËZA
TORTË
VEZË
PERIMET

32 - Giardino

```
T C F K G S Y G A R A Z H B
R L J I R T Q P R L X R H G
A R W W A O W Z V Q O Y A T
M M R K B L U L E V C E R P
P P V X U Ë O J M N U C D E
O G E U J N Z Z A Z K Y H M
L B R M Ë D Ç O R A P E I I
I U A Y Ë I L H T H U G S S
N S N K J N J S I G I D Ë H
Ë H D H O Ë T A R R A C Ë T
T A Ë O W P T O K Ë S R Z E
T M J B T E S K F A O M D A
B A R I U Q V H P E L L G H
D K L O P A T Ë T V G Y R K
```

PEMË   VERANDË
HAMAK   LËNDINË
BUSH   GRABUJË
BARI   GARDH
LULE   PELLG
PEMISHTE   TOKËS
GARAZH   TARRACË
KOPSHT   TRAMPOLINË
LOPATË   ÇORAPE
STOL   HARDHISË

33 - Frutta

```
F  I  G  B  A  N  A  N  E  M  G  M  M  N
E  R  M  D  A  R  D  H  Ë  A  W  M  M  E
R  R  F  L  N  K  S  M  H  N  B  H  M  K
R  U  P  P  A  P  A  J  A  G  H  R  P  T
Ë  S  H  S  N  X  Q  J  Y  O  O  Y  O  A
E  H  V  N  A  A  A  G  S  Y  U  K  R  R
N  I  Z  S  S  V  U  F  V  I  K  U  T  I
M  T  O  Y  V  O  B  Q  L  L  I  M  O  N
P  J  E  S  H  K  Ë  E  W  S  V  B  K  Ë
S  K  E  R  R  A  T  R  R  Y  I  U  A  A
I  K  C  D  N  D  H  S  G  M  O  L  L  Ë
X  T  C  F  Ë  O  V  H  O  S  P  L  L  G
P  J  E  P  Ë  R  A  I  L  L  Q  X  I  U
Q  Y  Y  C  T  G  I  U  Y  Y  C  A  U  V
```

KAJSI	MANGO
ANANAS	MOLLË
PORTOKALLI	PJEPËR
AVOKADO	FERRË
BANANE	NEKTARINË
QERSHI	PAPAJA
FIG	DARDHË
KIVI	PJESHKË
MJEDËR	KUMBULL
LIMON	RRUSHIT

34 - Fattoria #2

```
U W J I A X B T U H X D V J
R N U Y O F Q Z O D S H B Y
O W N J Y F N R B Q T Y X C
S X X V J T O Y X L J Y N O
A F H Q B F K I T S L V B Y
D E L E X U K U Q K I A Z F
X R Y N P J E K U R V T M O
A M B G D I H A M B A R F A
G E P J O T U F Ë Z D A R B
V R Z A W J C S S M H K U A
I N U Q T E N H H I M T T R
V R U R D A P Ë T S E O A I
U S H Q I M T T A R L R N U
P E M I S H T E H I B T Y A
```

QENGJ	LLAMA
FERMER	QUMËSHT
ROSA	MISRI
KAFSHËT	PJEKUR
USHQIM	PATAT
HAMBAR	ELB
FRUTA	BARIU
PEMISHTE	DELE
GRURI	LIVADH
UJITJE	TRAKTOR

35 - Dinosauri

```
S G P A R H I S T O R I K M
F O S I L E T R A P T O R I
O M N I V O R I D V M I I S
K X T Y H T O K A I D M F H
E U P O B S H R R G E A U N
Z V A R R A N I K A P D Q G
O E C F E O E P C N H H I R
L H K B A R N G R Ë N Ë S Ë
L L O J E T C K U E E B H N
V I C I O Z F N V P M I Ë Ë
E V O L U C I O N I A S M S
M A D H Ë S I A X K D H G L
I O D Z M I V G P I H T L D
Z H D U K J A U H H E E K X
```

KRAHË	I FUQISHËM
MISHNGRËNËS	PRE
BISHT	PARHISTORIK
I MADH	RAPTOR
BARNGRËNËS	ZVARRANIK
EVOLUCIONI	ZHDUKJA
FOSILET	LLOJET
E MADHE	MADHËSIA
VIGAN	TOKA
OMNIVORI	VICIOZ

36 - Verdure

```
J P S E L I N O S V X B S K
T C A A K Ë R P U D H A G U
U L L T L R C M Q S E E A N
S X B I A L J L O A N L Q G
R O G M A T A N T N X I E U
W U G G P M E T K G H N P L
H U D H Ë R A Y Ë J E S Ë L
B R O K O L I J P I F H F K
B R R E P K Ë J D N I A B A
I E D O M A T E M A L L D R
Z P Z A R R K L V R N L L R
E Ë S P I N A Q B J O O M O
L P A T Ë L L X H A N T Z T
E K O N K A S T R A V E C A
```

HUDHËR
BROKOLI
ANGJINARJA
KARROTA
KASTRAVEC
QEPË
KËRPUDHA
SALLATË
PATËLLXHAN
PATATE

BIZELE
DOMATE
MAJDANOZ
RREPË
RREPKË
SHALLOT
SELINO
SPINAQ
XHENXHEFIL
KUNGULL

37 - Scuola #2

```
U M A E V Q L E T Ë R S S O
A U T O B U S I K W V K H J
S H N M Q B L A B T I Ë P U
S H U L E X I M I R E P I L
W A K A D E M I K Z A U N E
M D A E L U L F B J C C Ë T
Ë X L H N A X R N T P Ë S Ë
S O E V C C P E F J A L O R
U Z N D N L A S U L D I P S
E U D A R S I M I O X B D I
S A A J P W V Y F J Y R L E
N A R O L J O Q E Ë Y A D L
G Ë R S H Ë R Ë S R O R L F
V I P W M A T E M A T I K Ë
```

AKADEMIK	MËSUES
AUTOBUS	LETËRSI
LIBRARI	LEXIMI
KALENDAR	LIBRA
LETËR	MATEMATIKË
FJALOR	LAPS
ARSIMI	KËPUCË
GËRSHËRË	SHKENCA
LOJËRA	SHPINËS

38 - Gentilezza

```
M I B E S U E S H Ë M G T T
I P H T D A S H U R I J Ë O
Q N R G Ë Z U A R G K I D L
Ë D N A T D D Y A T P N A E
S I D Y N U H M A V R Ë S R
O H U T C U I E H D I L H A
R M N T D P E M M K T F U N
E U K U J D E S V B Ë Q R T
A E B U J A R Q B K S W O E
P S M B P A C I E N T H R E
Y B S T R T T O B C O P U X
S P P L X S I D P Y Q Y N R
N D E R S H Ë M G C E T Y J
R E S P E K T U E S H Ë M Y
```

DASHUR
I BESUESHËM
MIQËSORE
TË DASHUR
KUJDES
TË DHEMBSHUR
KUPTIM
GËZUAR
BUJAR

GJINË
NDERSHËM
MIKPRITËS
PACIENT
PRANUES
RESPEKTUESHËM
TOLERANT
NDIHMUES

39 - Barbecue

```
F D B F V K L D I F M W Y S
I A S N E C O O Y T H I K A
R R M L R Q J M Q E P Ë R L
H K U I Ë O Ë A X S O H I L
X A Z N L B R T Q Ë F T P A
B A I I R J A E Z T R Z Ë T
F I K M Q T E G K V U A J A
D J A U M N L F Y C T R E W
F R C P H X G R J L A Y I O
K Q E C F E U S H Q I M U A
P T E K Z H I A P P W Z M F
U C B S Ë T X L T L I O K G
L L V Z T Ë N C R U Z Z P O
Ë U C S R L Q Ë P I P E R D
```

NXEHTË	VUAJ
DARKA	SALLATA
USHQIM	FTESË
QEPË	MUZIKA
THIKA	PIPER
VERË	PULË
URIA	DOMATE
FAMILJE	DREKË
FRUTA	KRIPË
LOJËRA	SALCË

40 - Riempire

```
M R L V O I K A R T O N I P
V H E A S D U S I R T A R A
F I G Z Z H T K I O M N A K
C C E O Y V I N D G V I K O
A H N V R H M S D E A J Z K
G Z K J A R K Ë H X L E P Y
X Y Q I Z A R F I E I K M X
F U P T N K Z U V M X D U Y
G U S H P O R T Ë X H E P H
L A Ç I E V A S K Ë E Z N P
H T A I V Ë T A B A K A E G
V J N W Q C J E D O S J E A
X D T Z G P X I A M M F V P
V X Ë Y J V O D F J J L Y C
```

LEGEN	ANIJE
FUÇI	PAKO
ÇANTË	KUTI
SHISHE	KOVË
ZARF	XHEP
DOSJE	GYP
KARTONI	VALIXHE
ARKË	VASKË
SIRTAR	VAZO
SHPORTË	TABAKA

41 - Insetti

```
G B P C M I L I N G O N Ë Z
T R L P I L I V E S Ë G S B
E Ë E U D C O W H K I M O Y
R Z S N Z K A R K A L E C I
M I H O Z F G D T U R P J E
I O T L M Ë Y E A W W Z T L
T K A P H I D L X E H V U A
P A K W S P L A D Y B U G M
K R I M B I M A N T I S Z O
A K W F L U T U R C V E U L
C A V C E S E U G V M E S Ë
A L F F T H K O V T A Q U Q
B E V E Ë B R U M B U L L I
U C G M U S H K O N J Ë U I
```

APHID
BLETË
BRËZI
KARKALEC
CICADA
LADYBUG
BRUMBULLI
MOLË
FLUTUR
MILINGONË

LARVA
PILIVESË
KARKALECI
MANTIS
PLESHT
KACABU
TERMIT
KRIMBI
GRENZË
MUSHKONJË

42 - Erboristeria

```
S H A F R A N L I V A N D O
X X O W Y C R R E W R Z K B
N E N E X H I K L P O W O O
E X K E W N G L D W M R R R
K O P S H T O U Ë Z A O I Z
D Z V E H K N L A S T Z A I
E R E I R U B E X O I M N L
S W A L L L T V M N K A D O
H F J G P I R C M Y E R Ë K
Z U X E U N U B I M Ë I R O
T J D U I A M D K P H N R P
G Y M H A R Z B K O L Ë G Ë
O X S U Ë I Ë D K L M X E R
M C J L Q R M A J D A N O Z
```

HUDHËR
AROMATIKE
KORIANDËR
KULINARI
DRAGUA
KOPËR
LULE
KOPSHT
LIVANDO

BORZILOK
NENEXHIK
RIGON
BIMË
MAJDANOZ
CILËSIA
ROZMARINË
TRUMZË
SHAFRAN

43 - Danza

```
P O S T U R A K K E S V T K
A R X T M N C U Ë M H I R O
R I O J S F E L R O P Z A R
T T P V M K J T C C R U D E
N Ë X C A U J U E I E A I O
E M C D R L B R U O H L C G
R H L K T T K O V N Ë E I R
W T K K P U L R J K S I O A
C I O H L R P E R N E O N F
T R U P I A K A D E M I A I
A W J I N R S T Z A P G L E
L Ë V I Z J A I Q F I F E A
K N D H P E S E K I U J P T
M U Z I K A O G S E T S S G
```

AKADEMIA
ART
KLASIKE
PARTNER
KOREOGRAFI
TRUPI
KULTURA
KULTURORE
EMOCION
SHPREHËSE

HIR
LËVIZJA
MUZIKA
POSTURA
PROVA
RITËM
KËRCE
TRADICIONALE
VIZUALE

44 - Scuola #1

```
D  I  X  K  Y  M  T  C  D  O  M  U  Q  L
O  M  X  E  N  O  L  I  B  R  A  R  I  E
S  A  A  R  G  Ë  T  I  M  I  E  L  S  T
J  T  P  R  O  V  I  M  E  T  G  K  H  Ë
E  E  S  T  I  L  O  L  A  P  S  A  Ë  R
T  M  N  U  M  R  A  T  L  Z  M  K  N  N
I  A  D  X  T  D  G  M  I  Q  Ë  A  U  H
C  T  L  V  K  A  G  W  B  E  S  R  E  N
U  I  A  F  L  B  V  C  R  Y  U  R  S  G
W  K  P  V  A  C  G  O  A  C  E  I  I  B
I  Ë  S  C  S  B  O  D  L  E  S  G  T  W
Y  N  R  W  Ë  H  E  P  P  I  A  E  E  L
J  V  X  P  P  L  T  T  T  N  N  G  U  F
S  K  U  I  Z  E  L  C  I  V  W  Ë  J  Y
```

ALFABETI
MIQ
KLASË
LIBRARI
LETËR
DOSJET
ARGËTIM
PROVIMET
MËSUES
LIBRA

SHËNUESIT
MATEMATIKË
LAPS
NUMRAT
STILOLAPSA
DREKË
KUIZ
TAVOLINË
KARRIGE

45 - Fiori

```
L B M U R A J G Z U K P J D
Z I U G A E M A G N O L I A
A T V Q A J A R G A V A N F
M U W A E Q R D L B J Y A F
B L F W N T P E U O U O Y O
A E T K D D Ë N L Z N X N D
K P Ë E A W O I Ë H W Q F I
D O R K I D E A K U Q O N L
G Q F Q S R V O U R W W A J
A T I K Y L P M Q E P Q F Q
X R L Q P J A S E M I N I W
R G I L U L E P A S I O N I
K H I B I S C U S P E T A L
L U L E D I E L L I D M V A
```

GARDENIA	BUQETË
JASEMINI	DAFFODIL
ZAMBAK	ORKIDE
LULEDIELLI	LULËKUQE
HIBISCUS	LULE PASIONI
LIVANDO	BOZHURE
JARGAVAN	PETAL
MAGNOLIA	TËRFILI
DAISY	TULEP

46 - Ecologia

```
G E O B H T X F L O R A M B
H A B I T A T N A S M Q B T
U F M M O B W Q D U Q P I G
G L O B A L E P A E N I J A
B C G W N L K L I M A Ë E B
B Q O D I V E R S I T E T I
I G K K Ë N E T Ë Y T Q E M
M K O M U N I T E T E T S Ë
Ë S N J J B Y P L X J Q A S
T A A D I F X C C L M S H I
N A T Y R O R E Y J O D Z A
O B Y Q D E T A R E F J P T
B U R I M E T Y S C Y A E M
F H A T H A T Ë S I A Z G T
```

KLIMA	NATYRA
KOMUNITETET	NATYRORE
DIVERSITETI	KËNETË
FAUNË	BIMËT
FLORA	BURIMET
GLOBALE	THATËSIA
HABITAT	MBIJETESA
DETARE	LLOJET
MALET	BIMËSIA

47 - Discipline Scientifiche

```
W G T B A S T R O N O M I G
S M J F I Z I O L O G J I J
O I M U N O L O G J I K A E
C N B H H I L D K L X N B O
I E Z M L Ë S O Y I H O T L
O R B X V Q S C G C M E L O
L A O R C V B I K J K I W G
O L T Z Z A I F R R I Y A J
G O A R K E O L O G J I A I
J G N K H E K O L O G J I A
I J I V P S I K O L O G J I
Y I K E J D M E K A N I K A
Z A Ë B D A I H G V Y X U I
M E T E O R O L O G J I K O
```

ARKEOLOGJIA	GJEOLOGJIA
ASTRONOMI	IMUNOLOGJI
BIOKIMI	GJUHËSI
BIOLOGJI	MEKANIKA
BOTANIKË	METEOROLOGJI
KIMIA	MINERALOGJIA
EKOLOGJIA	PSIKOLOGJI
FIZIOLOGJI	SOCIOLOGJI

48 - Scienza

```
M S H K E N C Ë T A R M J E
E O R G A N I Z Ë M T I E K
T G L M B A F A H H V N V S
O R T E V R O J T I M E O P
D I Ë G K P S I O P I R L E
A M D F A U I J O O M A U R
X C H N F Z L V J T O L C I
T A Ë E I V E A P E B E I M
K T N F Z R O J T Z I T O E
I L A B I F A K T A N K N N
A C I N K I M I K E O T I T
L T Z M A H M V N A T Y R A
U E O I A G R A V I T E T I
O C R M L A B O R A T O R W
```

ATOM
KIMIKE
KLIMA
TË DHËNA
EKSPERIMENT
EVOLUCIONI
FAKT
FIZIKA
FOSILE
GRAVITETI

HIPOTEZA
LABORATOR
METODA
MINERALET
MOLEKULAT
NATYRA
ORGANIZËM
VROJTIM
GRIMCAT
SHKENCËTAR

49 - Acqua

```
G L A G Ë S H T I L N W M O
D E J E V J M V X I W W K Q
N E Y Q N A V U L L I M I E
H Z Y Z Y C K A N A L U V A
C N B Y E A S H I V I S A N
A T A B O R Ë J G M Q O L L
X K A V U L L T Z G E N Ë Q
Z M U B K D D Z T U N U T L
G B J L O P U B Y K I R K U
N L I D L P A S T U H I S M
M Z T Q B R L E H W B B A Ë
D G J H B K U R E I V X M Q
Q L E P Ë R M B Y T J E G R
G A V D H P I J S H Ë M V M
```

PËRMBYTJE	LIQENI
KANAL	MUSON
DUSH	BORË
AVULLIMI	OQEAN
LUMI	VALËT
LUMË	SHI
ACAR	PIJSHËM
GEYZER	LAGËSHTI
AKULL	STUHI
UJITJE	AVULL

50 - Gatti

```
F Z E Y J E B H S G F C R E
T H U A W K F K C H W F L M
G B P A W O Z I U F P L A N
I P A V A R U R R I L E S H
O O L H V G S X B J W H J Z
I T U R P S H Ë M E K V H T
P E R S O N A L I T E T X G
K U R E S H T A R Ë N A B J
R F O V B J E Q O H R L L U
P A K B M I Ç M E N D U R E
Y T N C Q E S H A R A K E T
M D A S H U R H H D U V P A
K I E G Ë R A Y T F N U A R
U D U J I Y U A R D Q X F W
```

DASHUR
THUA
GJUETAR
BISHT
KURESHTARË
QESHARAKE
FLE
FIJE
I PAVARUR

I ÇMENDUR
LESH
PERSONALITET
PAK
I EGËR
I TURPSHËM
MIU
SHPEJT
PAW

51 - Surf

```
A P B O Z G Q W R F T W X Q
A R J I M A U Z Q I U S N N
I F G L R K M M I L R K E V
E Y C Ë R W Q O Ë L M O K R
Q O U A T L E T U E A J S T
K N U S T I L I Y S T S T J
V O Z I S F M Y Y T U U R N
L N E O Q E A N B A R K E F
Q V V B Q D S L S R K M M O
K A M P I O N I B H Q A A R
C L O L O Z O R I G K G S C
Q Ë Q A N A M F J B P U M Ë
W Z B Z N B S S M Z F U M M
F B C H P O P U L L O R E Ë
```

ATLET
KAMPION
ARGËTIM
EKSTREM
TURMAT
FORCË
MOTI
OQEAN
VALË

VOZIS
POPULLORE
FILLESTAR
SHKUMË
GUMË
PLAZH
STILI
BARK

52 - Imbarcazioni

```
D E S P I R A N C Ë Z S J V
E L U M I A K I K F R U K A
T K A N O E M D E T A R E R
W E U L A E G I K B F V A K
M A R I N A R R B A T I C Ë
O T I Y P V B E K V J T E M
T R X W N A H K P O E A T E
O A S U M L Z P D H G P K V
R G J M C Y T H L B J R T E
K E O S G D W Y I I K D C L
U T Q F J U H P T C Q O O A
O J E V A L Ë T A U N E P D
H G A J A H T Y R I N J N I
J I N V O Z Ë M B I U J Ë I
```

DIREK
SPIRANCË
VARKË ME VELA
VOZË MBI UJË
KANOE
LITAR
EKUIPAZHI
LUMI
KAJAK
LIQENI

DET
BATICË
MARINAR
MOTOR
DETARE
OQEAN
VALËT
TRAGET
JAHT
RAFT

53 - Api

```
E E R U C V T J U S H Q I M
L W C U Z J M I X X R G D N
E K O S I S T E M I J E O K
K K R I K A D I C Ç E L B D
O L O A O W I N G Z B F I I
P B B S H N E S P B H Z S V
S I K W H Ë L E O W V L H E
H M V N F E L K L U L E Ë R
T Ë A I R M R T E V K L M S
G T O L U T W E N G S B V I
I V B A T D Y L L I S E O T
Y G D C A E W M U Z I N G E
H A B I T A T M J A L T Ë T
M B R E T Ë R E S H A J K I
```

KRAHË
KOSHERE
I DOBISHËM
DYLLI
USHQIM
DIVERSITETI
EKOSISTEMI
LULE
ÇEL
FRUTA

TYM
KOPSHT
HABITAT
INSEKT
MJALTË
BIMËT
POLEN
MBRETËRESHA
MUZI
DIELL

54 - Conservazione

```
E Z Z Z M V V U T K M B S S
G K L I M A X C N U A V H H
J M O Y L Q X F D H J W Ë Q
E J R S R H P S R A Q I N E
L E G V I Z N E Y B U G D T
B D A U C S A R S I M I E Ë
Ë I N L I M T E H T L T T S
R S I L K H Y E I A I J I I
Y O K N L K R H M T J C O M
A R E E O U O Q E I T I I P
A E T T J B R C T J Z K N D
Z N P A N L E X B C K L F Z
D R Y R Ë N D O T J A I S V
P I A W H M Y Q K N B N L P
```

UJI	NATYRORE
MJEDISORE	ORGANIKE
NDRYSHIMET	PESTICID
CIKLI	SHQETËSIM
KLIMA	RICIKLOJNË
EKOSISTEMI	SHËNDETI
ARSIMI	E GJELBËR
HABITAT	VULLNETAR
NDOTJA	

55 - Strumenti Musicali

```
X M R Z U T F D R N Z K B T
M F P S M W R A G C G I A R
V I O L I N Ë U G A V T N O
S A K S O F O N M E J A J M
Y G L M H I B O D B G R O B
F O A A A J O V A M E Ë T O
L D R N R R E H J E U T W N
A I I D M B I E R R D S Ë A
U T N O O Q Y M E G O N G I
T J E L N Q P P B W T P A P
X E T I I M K I H A R P T I
H Z Ë N K B I X X S H G F A
M S F Ë Ë R G D V D C W I N
D A U L L E K P O D J H Y O
```

HARMONIKË

HARP

BANJO

KITARË

KLARINETË

FAGEG

FLAUT

GONG

MANDOLINË

MARIMBA

OBOE

GODITJE

PIANO

SAKSOFON

DAJRE

DAULLE

TRUMBETË

TROMBON

VIOLINË

56 - Professioni #2

```
H G P B Z K I R U R G E A P
D S I I O P N L A F Q M S I
B H K O O E X M S Y E Ë T L
O P T L L U H E T U E S R O
W I O O O I I A J W Y U O T
F K R G G K N L O V V E N E
I Ë O E Z I I T H P S S A N
L S U P M J E K V F G S U D
O I L U S T R U E S N D T Z
Z I V B Y H D E N T I S T I
O N A S F O T O G R A F P S
F O R I P O G A Z E T A R N
S T U D I U E S R B L E G K
B I B L I O T E K A R I W O
```

ASTRONAUT	INXHINIER
BIBLIOTEKAR	MËSUES
BIOLOG	SHPIKËSI
KIRURG	HETUES
DENTISTI	MJEK
FILOZOF	PILOT
FOTOGRAF	PIKTOR
KOPSHTAR	STUDIUES
GAZETAR	ZOOLOG
ILUSTRUES	

57 - Letteratura

```
P C A V R T M H P Y B D A P
V Ë E R I Q E N P Z I I S P
K R R O M A N M Z H O A T W
H R M S Ë I F M A A G L V R
J B A G H L L H T N R O A V
E A W H I K O S P Ë A G N S
P G D T A S R Q O R F U A T
R I T Ë M S D I E S I Q L I
Q Q T H N F I A M Z A G O L
P O E T I K E M Ë I Z N G I
P Ë R F U N D I M Q X U J C
A N E K D O T Ë D E T G I M
Z N Z Q N M E T A F O R A B
N A N A L I Z A U T O R O U
```

ANALIZA
ANALOGJIA
ANEKDOTË
AUTOR
BIOGRAFIA
PËRFUNDIM
KRAHASIM
PËRSHKRIM
DIALOGU

ZHANËR
METAFORA
POEMË
POETIKE
RIMË
RITËM
ROMAN
STILI
TEMA

58 - Cibo #2

```
P U F V K Q E Q U S P C S P
W B O J O Q K L M L C J E A
V A S I S E V I H F O Q L T
D E F L F R Q Q E R S H I Ë
W R Z R G U A W B R U U N L
F F N Ë P R O S H U T Ë O L
S E K Z U T O B J S K E R X
A D V A L P I R X H Ë Ë I H
J L J I Ë I M O T I R P Z A
B A N A N E O K K T P E Y N
D O M A T E L O I W U S J S
G R U R I H L L V D D H T S
C W S Q Z Q Ë I I G H K P V
R N N O Ç O K O L L A T Ë B
```

BANANE
BROKOLI
QERSHI
ÇOKOLLATË
DJATHË
KËRPUDHA
GRURI
KIVI
MOLLË
PATËLLXHAN

BUKË
PESHK
PULË
DOMATE
PROSHUTË
ORIZ
SELINO
VEZË
RRUSHIT
KOS

59 - Nutrizione

```
F N E H I D H U R P S T P C
K E G O N E R Ë Z A H O R I
A P R R R Z A J P R Ë K O L
R C V M Ë E Z J J O N S T Ë
B S I P E N K X Z M D I E S
O A T Y Z N S S G Ë E N I I
H L A H J D T H I H T Ë N A
I C M H L W E I Ë O I B A N
D Ë I V P G Z Y M M I P T G
R F N S E R L V D I E T Ë Z
A K A Z S K A L O R I T Ë P
T M I S H Ë N D E T S H Ë M
E R I B A L A N C U A R U K
T L Ë N G J E T T R E T J E
```

E HIDHUR
OREKSI
BALANCUAR
KALORITË
KARBOHIDRATET
NGRËNSHËM
DIETË
TRETJE
FERMENTIMI
AROMË

LËNGJET
PESHA
PROTEINAT
CILËSIA
SALCË
SHËNDETI
I SHËNDETSHËM
ERËZA
TOKSINË
VITAMINA

60 - Matematica

```
G M T H A P K J X P S S D V
D J R W R S O P J Z H H I P
H V E Q I L C L S M U E A E
J Ë K O T R K R I Q M S M R
E L Ë R M J R T M G Ë H E I
T L N U E E U E E X O I T M
O I D T T H T H T F A N R E
R M Ë N I M H R R H C H I T
E I S H K Q P T I J E K H Ë
U N H K Ë N D E T A G N Z R
P A R A L E L O G R A M C I
F E K U A C I O N I P J N A
E K S P O N E N T S R S G V
T H Y E S Ë P A R A L E L Y
```

KËNDET	PARALEL
ARITMETIKË	PARALELOGRAM
RRETHENCA	PERIMETËR
DHJETORE	POLIGONI
DIAMETRI	SHESHI
EKUACIONI	SIMETRI
EKSPONENT	SHUMË
THYESË	TREKËNDËSH
GJEOMETRIA	VËLLIMI

61 - Meditazione

```
M  P  C  D  D  H  E  M  B  S  H  U  R  I
E  R  L  W  S  T  I  G  I  F  R  F  A  H
N  A  A  W  V  X  Q  Q  A  R  T  Ë  S  I
D  N  N  A  T  Y  R  A  V  Y  Ë  Z  N  B
J  I  K  V  N  C  M  U  R  M  U  S  G  W
E  M  E  N  D  I  M  E  O  Ë  N  A  I  H
L  I  A  N  K  F  E  K  J  M  R  R  Q  Q
K  Ë  B  L  C  H  N  A  T  A  W  E  F  E
P  G  V  M  X  D  D  M  I  R  K  F  L  T
S  A  F  I  D  Q  O  X  M  R  Q  T  U  Ë
Q  H  Q  U  Z  C  R  K  U  J  D  E  S  S
R  U  W  E  A  J  E  C  X  A  E  J  G  I
P  O  S  T  U  R  A  H  E  S  H  T  J  E
M  U  Z  I  K  A  G  M  F  Z  O  H  K  M
```

PRANIMI
KUJDES
QETËSI
QARTËSI
DHEMBSHURI
MIRËSI
MENDORE
MENDJE
LËVIZJA

MUZIKA
NATYRA
VROJTIM
PAQE
MENDIME
POSTURA
FRYMËMARRJA
HESHTJE

62 - Estate

```
O D U Y O X O A N K T T E W
C R W V B T A G G O A N J E
U M L P T J P Ë S H T Ë P I
L S U M I Q I Z W A T S L Ç
Y O H K U J T I M E T A A L
J F J Q X Z D M J L K N Z O
E A D Ë I K I J E I A D H D
T M Z H R M L K F R M A P H
V Z B I B A I I A Ë P L U J
K O P S H T B X M L I E S E
Z H Y T J E R O I Z N K H U
G M N C J X A Q L K G W I D
U D H Ë T I M I J U V N M E
K E P G I Q U D E T J G E D
```

MIQ
KAMPING
SHTËPI
USHQIM
FAMILJE
KOPSHT
LOJËRA
GËZIM
ZHYTJE
LIBRA

DET
MUZIKA
KUJTIMET
ÇLODHJE
SANDALE
PLAZH
YJET
KOHA E LIRË
PUSHIME
UDHËTIMI

63 - Escursionismo

```
O E Q D P U J B H X W T T D
N R J Q F J H G A F G V F S
A Ë I A P I E G Ë R W V H P
T N L E T Ë L O D H U R M Ç
Y D O F N R R E Z I Q E T I
R Ë S E W T G G K G U R Ë Z
A D M H T M I P A R Q E T M
V I A O K Y N M F T Y X J E
R E L Y F Ë H E S B I C G P
H L V N B D M P H A R T Ë L
P L N M F R G B Ë H J K J J
K A M P I N G G T E G D A A
U D H Ë Z U E S K L I M A P
S A M I T I C B H T R W K J
```

UJI	RREZIQET
KAFSHËT	E RËNDË
KAMPING	GURË
KLIMA	PËRGATITJA
UDHËZUES	SHKËMB
HARTË	I EGËR
MAL	DIELL
NATYRA	TË LODHUR
ORIENTIM	ÇIZME
PARQET	SAMITI

64 - Professioni #1

```
P P O T T M U Z I K A N T G
I L J A M B A S A D O R V J
R N B G A S T R O N O M N E
S E A J X G C L P X P R U O
U F N U M T A R T I S T R L
S H K E N C Ë T A R I B E O
W K I T R A J N E R K A D G
E P E A E V X O N O L A P
G X R R K U C O W H L E K I
G J U H A R I G K U O R T A
H A R T O G R A F A G I O N
B J F A R M A C I S T N R I
I N F E R M I E R E M N C S
H I D R A U L I K K V H X T
```

TRAJNER
AMBASADOR
ARTIST
ASTRONOM
AVOKAT
BALERIN
BANKIER
GJUETAR
HARTOGRAF
REDAKTOR

FARMACIST
GJEOLOG
GJUHARI
HIDRAULIK
INFERMIERE
MUZIKANT
PIANIST
PSIKOLOG
SHKENCËTAR

65 - Antartide

```
G  J  C  L  X  G  G  C  X  I  I  N  H  F
M  X  T  Y  B  A  L  E  N  A  T  A  F  T
E  P  M  J  E  D  I  S  M  S  K  K  V  L
P  J  Z  N  G  I  S  L  I  T  R  U  A  Y
G  U  Q  G  H  S  H  K  N  U  U  L  L  U
O  J  X  Y  B  H  U  Q  E  D  A  L  P  L
R  E  E  Z  K  U  J  I  R  I  J  N  N  V
D  O  X  O  W  L  T  K  A  U  T  A  X  D
Q  V  K  V  G  L  J  D  L  E  J  J  N  K
S  M  T  I  M  R  H  V  E  S  E  A  G  Q
O  U  Q  M  W  E  A  N  T  B  Y  T  J  N
D  O  I  V  S  U  K  F  R  E  T  Ë  I  B
C  H  C  Q  Y  K  D  M  I  G  R  I  M  I
S  H  K  E  N  C  O  R  E  R  B  P  I  V
```

UJI	ISHUJT
MJEDIS	MIGRIMI
GJI	MINERALET
BALENAT	RETË
RUAJTJE	GADISHULL
GJEOGRAFI	STUDIUES
AKULLNAJAT	ROKI
AKULL	SHKENCORE

66 - Libri

```
F N Z X T H U M O R M C P T
C A V E N T U R Ë E B K Q V
X R Q Y A M W Y B L L S X X
V R L E T R A R E E E R A I
X A E Q P F T M L V D I H K
V T X P O I Z G L A H W I D
W O U E E K K A S N J F S T
I R E H Z G R Ë W T A T T R
X V S I I N Z I A E A X O A
K O N T E K S T J C I B R G
H I S T O R I K E U G D I J
D Y E K D U A L I T E T F I
F U R F S H K R U A R S H K
G B I U A U T O R O M A N E
```

AUTOR
AVENTURË
MBLEDHJA
KONTEKST
DUALITET
EPIKË
KRIJUES
LETRARE
LEXUES
NARRATOR

FAQE
POEZI
RELEVANTE
ROMAN
SHKRUAR
SERI
HISTORI
HISTORIKE
TRAGJIKE
HUMOR

67 - Geografia

```
P H E M I S F E R A H F U T
O G V E R I A T E S G X V E
B Z E R G J A T Ë S I A K R
F O N I I R A T C L F E O R
G N D D Q A A W V D U B N I
D H I I X T Q J B X Z M T T
U A S A S L T K O J U G I O
F R H N M A L I T N A M N R
W T U X H S K A Ë T B I E I
P Ë L J U X E S R Q Q G N M
Q D L M G F S Q Y T E T T G
G G F V D L K P C Y Ë Z E S
F N Y P E R Ë N D I M S P U
S I T H T G J E R Ë S I I H
```

LARTËSI
ATLAS
QYTET
KONTINENT
HEMISFERA
LUMI
ISHULL
GJERËSI
GJATËSIA
HARTË

DET
MERIDIAN
BOTË
MAL
VERI
PERËNDIM
VENDI
RAJON
JUG
TERRITORI

68 - Cibo #1

```
Q Q E P Ë E D K S H E Q E R
S U F E V I T O R T Ë M D D
A K M N E N E X H I K R S S
L E B Ë T U N A F L P X X T
L E L B S T C G R Y V Ë W I
A D A R D H Ë K A R R O T A
T Q X S W D T A W V D N E L
Ë L U L E S H T R Y D H E Ë
S R R E P Ë R S H R W X H N
M P M K A N E L L Ë H G U G
Y V I C Y N C Y M R P P D A
V T S N B O R Z I L O K H R
K Z H R A L I M O N F S Ë E
U Y E H N Q S L L Q J J R H
```

HUDHËR
BORZILOK
KANELLË
MISH
KARROTA
QEPË
LULESHTRYDHE
SALLATË
QUMËSHT
LIMON

NENEXHIK
ELB
DARDHË
RREPË
KRIPË
SPINAQ
LËNG
TUNA
TORTË
SHEQER

69 - Aeroplani

```
S T U L L U M B A C E S G K
U B F E K U I P A Z H I B A
P A S A G J E R I T K L I R
S A P J A Q I E L L M A D B
N G E Z V L H I S T O R I U
D T F N E Q A Z J O T T Z R
Ë G J Q N S J R M S O Ë A A
R B R E T U R C T O R S J N
T X V W U H I N T Ë A I N T
I H I D R O G J E N S Y I X
M F J J Ë S U W S F J I V P
I K Y U N V L N N B L P A T
D S F D R E J T I M F Q N I
Z B R I T J E I W N Z F B O
```

LARTËSIA

LARTËSI

AJRI

ULJE

AVENTURË

KARBURANT

QIELL

NDËRTIMI

DIZAJNI

DREJTIM

ZBRITJE

EKUIPAZHI

HIDROGJEN

MOTOR

TULLUMBACE

PASAGJER

PILOT

HISTORI

70 - Pirati

```
M  F  S  P  I  R  A  N  C  Ë  Z  X  Z  I
O  L  T  H  E  S  A  R  P  L  F  U  D  H
N  A  S  H  P  D  X  L  T  Q  Z  P  Z  D
E  M  G  H  A  A  R  U  M  B  R  E  S  Ë
D  U  D  A  P  R  T  B  U  S  U  L  L  G
H  R  D  C  A  E  T  Ë  E  O  O  A  M  Z
A  K  E  Q  I  Y  L  Ë  S  I  B  R  L  A
V  P  L  A  Z  H  Q  L  R  R  E  Z  I  K
E  K  A  P  I  T  E  N  Ë  Z  T  W  I  Q
N  E  K  U  I  P  A  Z  H  I  M  L  S  W
T  H  O  P  A  P  A  G  A  L  L  A  H  H
U  T  C  Z  L  E  G  J  E  N  D  A  U  I
R  C  Z  R  J  V  P  N  I  K  S  T  L  J
Ë  B  W  C  L  W  P  K  N  M  D  H  L  I
```

SPIRANCË

AVENTURË

FLAMUR

BUSULL

KAPITEN

KEQ

MBRESË

EKUIPAZHI

SHPELLË

ISHULL

LEGJENDA

HARTË

MONEDHA

AR

PAPAGALL

RREZIK

RUM

SHPATË

PLAZH

THESAR

71 - Colori

```
W L J V J O L L C Ë L E C X
G Q P B W O Y C A Y N I R T
H D F V P O R T O K A L L I
B L U E B A R D H Ë X N M E
J X K K G I N D I G O Y S Z
E A S U D J S P U R P U R E
Z Z I Q M W E V E R D H Ë Z
E U A E Z Z P L O Q V P O Ë
G R I G M O I Z B C S X K P
E E C C A K A F E Ë B P A A
I G M A G E N T A B R P Q K
E L I P G Z A Z F F J O X V
Z T B H A V L J O Y M I Z V
R H P D Q G C E Q C X P Q Ë
```

PORTOKALLI
AZURE
BJEZE
E BARDHË
BLU
CYAN
PURPUR
FUKSIA
E VERDHË
GRI

INDIGO
MAGENTA
KAFE
E ZEZË
ROZË
E KUQE
SEPIA
E GJELBËR
VJOLLCË

72 - Spiaggia

```
D D T N C Q R Ë R Ë I U N J
P V E L G S V C H S V N T S
U A V T J Q A D O K P D E C
V R G A F O R R J A P B B S
G K U E O D K U V A E T R P
Z Ë M Z Q I Ë E W O S V E U
I J Ë J E E M P X A H Z G S
S A N D A L E L T S Q X D H
F P J Q N L V I A Y I J E I
H C F V D B E S U G R I T M
V B X S R U L H B B U S K E
A L F H L R A U C J X N A H
R O M B R E L L Ë R L H Ë E
D B P M Z G Q L L L R W R A
```

PESHQIR
VARKË
VARKË ME VELA
BLU
BREGDET
DOK
GAFORRJA
ISHULL
LAGUNË

DET
OQEAN
OMBRELLË
RËRË
SANDALE
GUMË
DIELL
PUSHIME

73 - Avventura

```
N A V I G A C I O N F T D I
E M U N D Ë S I E R S K V T
E K N A T Y R A S Y K N F I
A N S F I D A T I L D P U N
P K T K T R M I G Ë Z I M E
Ë V T U U Y O B U K U R I R
R K V I Z R M Z R T W L T A
G Q B R V I S I I W G E M R
A R G Z S I A I A I J X L I
T U I G U C T Z O U Y M I Q
I C R W D R X E M N K V T C
T R I M Ë R I V T I Q C C B
J D E S T I N A C I O N I T
A E R R E Z I K S H M E U N
```

MIQ
AKTIVITETI
BUKURI
TRIMËRI
DESTINACIONI
ENTUZIAZMI
EKSKURSION
GËZIM
ITINERARI

NATYRA
NAVIGACION
I RI
MUNDËSI
E RREZIKSHME
PËRGATITJA
SFIDAT
SIGURIA

74 - Forme

```
S O Z V O S O A H A D I P L
W Y G Y A M H V K O N G I I
M B I E H K K E A E Q Ë R N
C I L I N D R I S L M E A J
H P J Q O S H E U H E L M Ë
I O P R I Z Ë M I A I I I T
P L S K A J E T N R K P D V
E I D U S F E R Ë K V S A K
R G D R E J T K Ë N D Ë S H
B O C V F G S W K U B E K C
O N W E T Y F U G R R E T H
L I T R E K Ë N D Ë S H C P
A T S Y M Z H P F G G B U K
J D V T B E R L Z S M L I T
```

QOSHE	ANË
HARK	LINJË
SKAJET	OVALE
RRETH	PIRAMIDA
CILINDRI	POLIGONI
KON	PRIZËM
KUBE	SHESHI
KURVE	DREJTKËNDËSH
ELIPS	SFERË
HIPERBOLA	TREKËNDËSH

75 - Oceano

```
P E S H K A Q E N K B C B K
V B A T I C A T C R A K R A
V A L Ë T T G X Q I L A E N
S U R C B U O O L P E R S D
N T E K P N B P C Ë N K H I
S I U U Ë A V E V Ë A A K L
P E S H K W C S G O D L Ë D
W H C Y I N G J A L A E I E
S F U N G J E R F I U C T T
O K T A P O D A O O F A P I
K O R A L J Z K R G U M Ë S
P Z D R T X Q G R H O Y R T
P J P A Q I Q I J A W L G H
D E L F I N V J A I W Y O O
```

NGJALA
BALENA
VARKË
KORAL
DELFIN
KARKALECA
GAFORRJA
BATICAT
KANDIL DETI
VALËT

GOCË DETI
PESHK
OKTAPOD
KRIPË
GUMË
SFUNGJER
PESHKAQEN
BRESHKË
STUHI
TUNA

76 - Famiglia

```
P G D Q U F A Y J N I P I L
Z J V K A Ë K U S H Ë R I M
W Y C M T M C G N G Q N V B
F S N V Ë I D O B A P V Ë E
Ë H Z H R J W M A U A W L S
M I H A O Ë T M B Z R G L Ë
I O C L R R Z Y A P A R A F
J L T L E I S A Y V A U I T
Ë N N Ë I A X V Z K R A W I
R M Z V R Q S S C R D J S Y
K D L A F K X H A X H A I K
S B B N M J V A J Z Ë S J D
N V K Z L I I G J Y S H J A
A J A U B E N Ë N A C H H G
```

PARAARDHËS   NIPI
FËMIJË   MBESË
KUSHËRI   GJYSHJA
VAJZË   GJYSHI
VËLLA   BABA
FËMIJËRIA   ATËRORE
NËNA   MOTËR
BURRI   HALLË
NËNËS   XHAXHAI
GRUAJA

77 - Veicoli

```
E D G O H K B T J S P K M A
K O C G U B Y B P K G A E M
T T A K S I M K H U H R T B
R R B I Ç I K L E T Ë V R U
A E A P B A F V L E I A O L
F N M G D A E A I R H N C A
T Ë A O E U Q R K A M I O N
T N K M T T N K O G Z X T C
Q D I A W O Z Ë P P R V T A
R E N P R B R E T Y L S U Z
A T A P Z U D I E M K A X D
Y Ë A Z U S Y W R N H Y N C
X S Z Y D Y T R A K T O R K
C E R A K E T Ë I A R S E P
```

AEROPLAN
AMBULANCA
MAKINA
AUTOBUS
VARKË
BIÇIKLETË
KAMION
KARVAN
HELIKOPTER
METRO

MOTOR
GOMA
RAKETË
SKUTER
NËNDETËSE
TAKSI
TRAGET
TRAKTOR
TREN
RAFT

78 - Emozioni

```
F P Z Q I F B S H M O W C T
E Q I D A S H U R I Z A N Ë
S U R P R I Z Ë T Q N M H K
X P F F R P Z K G Ë Z I M Ë
P Ë R M B A J T J A S N M N
J R I Ë L Q E T Ë S I I I A
U B K R F E C K Z A B M R Q
I L Ë Z I I H K E Z H I Ë U
U T U I P D Y T M F U R N R
K S I A Z E O U Ë M Z Ë J M
R E L A K S U A R S S S O E
M S I M P A T I I K I I H Z
L U M T U R I R M T Z M Ë V
T R I S H T I M I V B V S T
```

DASHURI	ZEMËRIMI
LUMTURI	RELAKSUAR
PËRMBAJTJA	LEHTËSIM
MIRËSI	SIMPATI
GËZIM	TË KËNAQUR
MIRËNJOHËS	SURPRIZË
MËRZIA	BUTËSI
PAQE	QETËSI
FRIKË	TRISHTIM

79 - Natura

```
T S H K R E T Ë T I R Ë A Z
R S H E N J T Ë R O R J A D
O L A K U L L N A J Ë R A H
P J E T Ë S O R E E I C R Q
I P Y L L O D I N A M I K E
K A F S H Ë T X V I D Y T T
A T Q R G S O B U K U R I Ë
L U M I J T I E X R I U K F
T D E F E R M E B L E T Ë T
Z K H V T E A A G B C H Q D
R E T Ë H H G Y L Ë Q R B G
Z U L L Y Ë H X F E R U N S
E R O Z I O N I N I T F G X
M J E G U L L W G R H V A I
```

KAFSHËT

BLETËT

ARKTIK

BUKURI

SHKRETËTIRË

DINAMIKE

EROZIONI

LUMI

GJETH

PYLL

AKULLNAJË

MALET

MJEGULL

RETË

STREHË

SHENJTËRORJA

I EGËR

QETË

TROPIKAL

JETËSORE

80 - Balletto

```
D U A R T R O K I T J E A B
T E K N I K Ë P O E F E F M
A M G J B X S A R K K A T I
S R G J W G K F K O J Q Ë N
S H P R E H Ë S E R V O S T
K Q D C Z S X L S E P A I E
I Ë O E I V T O T O R R A N
D H N R I T Ë M Ë G A T U S
R T H D D F R D R R K I D I
T S S A S V D L I A T S I T
S T I L I H T U V F I T E E
M U Z I K A Ë D T I K I N T
M U S K U J T M X Q Ë K C I
K Ë R C I M T A R Ë T E Ë X
```

AFTËSI
DUARTROKITJE
ARTISTIKE
KËRCIMTARË
KOREOGRAFI
SHPREHËSE
GJEST
KËNDSHËM
INTENSITETI

MUSKUJT
MUZIKA
ORKESTËR
PRAKTIKË
PROVA
AUDIENCË
RITËM
STILI
TEKNIKË

81 - Castelli

```
P K O K U L L Ë H D E F G K
A E A A D E F F D R Q I V U
L K R L P C F S I A K S G R
L F P A Ë X V Q N G A N X O
A F D M N H E M A O T I E R
T P Z L F D K B S I A K B Ë
I R P Y E U O U T X P M O N
K I Y S U N S R I Z U Q I S
P N J H D G N O I L L Q V W
P C F P A E U J S S T K D D
R E K A L O R Ë S G Ë M U R
I S T T Ë N M B R E T Ë R I
N H M Ë N J Ë B R I R Ë S H
C Ë A L P B T V A A C N F U
```

KATAPULTË   FISNIK
KALORËS   PALLATI
KALË   MUR
KURORËN   PRINC
DINASTI   PRINCESHË
DRAGOI   MBRETËRI
DUNGEON   MBUROJË
FEUDALË   SHPATË
KALA   KULLË
PERANDORISË   NJËBRIRËSH

82 - Campionato

```
M O T I V I M I Z E K I P I
E F I T O R E C J J A L V S
D J E R S Ë W C J L M F D R
A Q G L Q O J S K N P V M R
L D N I R R E M A W I P H G
J T K G Z I P K Z Z O W K H
A D U A K A M P I O N A T I
G J D R S T R A T E G J I A
J M D C N F I N A L I S T L
Y A S O V E T R A J N E R O
Q F Q E U D U T S F Q Z X J
T P E R F O R M A N C A L Ë
A B A P C S P O R T E T Z R
R G Z H D V E B A J H V G A
```

TRAJNER
KAMPIONATI
KAMPION
FINALIST
LOJËRA
GJYQTAR
LIGA
MEDALJA

MOTIVIMI
PERFORMANCA
SPORTET
EKIPI
STRATEGJIA
DJERSË
TURNEU
FITORE

83 - Foresta Pluviale

```
K R D L R U R M Z O G J T Ë
L E N V L Y U E M P D L W W
I S B W P O E V T C D D I D
M P S O E R J L Q Ë R M N I
A E T M T U V E Y V E X S V
M K R Y K A G R T Q S H E E
F T E S A J N Ë T W T U K R
I G H H B T Y I E H A N T S
B G Ë K Q J I F K T U G E I
Ë I Z O N A T Y R A R Ë T T
T M B I J E T E S A I L C E
K O M U N I T E T I M G N T
A U D I G J E N G X I L N I
Z K K Z G J I T A R Ë T S M
```

AMFIBËT	NATYRA
BOTANIK	RETË
KLIMA	RUAJTJA
KOMUNITETI	ME VLERË
DIVERSITETI	RESTAURIMI
XHUNGËL	STREHË
AUDIGJEN	RESPEKT
INSEKTET	MBIJETESA
GJITARËT	LLOJET
MYSHK	ZOGJTË

84 - Edifici

```
T E A T R I T A Z M J M K G
O B S E R V A T O R I U U S
L M D H O U K H H V S Z L P
S K A A M B A S A D A E L I
H Ë G S D J B H V M E B Ë T
D S K S D Q I K S S B Q F A
F H O T E L N O F L N A E L
A T D A L L A L U K C Y R Ç
B J H D W T K L M E E A M A
R E K I N E M A N V D E Ë D
I L V U L A B O R A T O R Ë
K L R M D M Q B P U B M A R
Ë A E I A P A R T A M E N T
S U P E R M A R K E T C K D
```

AMBASADA	MUZE
APARTAMENT	SPITAL
KABINA	OBSERVATORI
KËSHTJELLA	SHKOLLA
KINEMA	STADIUMI
FABRIKË	SUPERMARKET
FERMË	TEATRI
HAMBAR	ÇADËR
HOTEL	KULLË
LABORATOR	

85 - Paesi #2

```
P A K I S T A N S U D A N E
M E K S I K Ë D I G A N X T
L H A I T I L S R A N J H I
I J N I G E R I I N I M A O
B N A E H W U G T D M E M P
E G D A P R A G O Ë A X A I
R J X O J A P O N I R R J A
I H F P N G L A O S K U K E
R L D V T E C E I X Ë S A B
L B G Z K J Z Q O G T I D B
A O K L S H Q I P Ë R I A H
N X V J I L Z C Y G B E X T
D I S M U K R A I N Ë V Q A
A E M H V W I U A Q G L C I
```

SHQIPËRIA
DANIMARKË
ETIOPI
XHAMAJKA
JAPONI
GREQI
HAITI
INDONEZI
IRLANDA
LAOS

LIBERI
MEKSIKË
NEPAL
NIGERI
PAKISTAN
RUSI
SIRI
SUDAN
UKRAINË
UGANDË

86 - Tipi di Capelli

```
T R I S H Ë N D E T S H Ë M
D I S I G K G Ë R S H E T A
K T H T P A H E K C W B T R
T N K J U Ç A C R Q S S H G
B L U W V U I H O L L Ë A J
C U R L S R Q E X B E M T E
P M T I P R O B K J T E Ë N
V F Ë Ë R E G A A O R N N D
G N R J I L J R F N A G E I
J R N M E O N D E D S J Z D
A L Y I N K X H Y X H Y E R
T Z V A D Q H Ë H D Ë R Z T
Ë Y J Z U N W Y O G J Ë Ë N
B N G U R T U L L A C M P F
```

ARGJENDI	KAFE
THATË	BUTË
E BARDHË	E ZEZË
BJOND	ME ONDE
I SHKURTËR	KAÇURREL
TULLAC	CURLS
ME NGJYRË	I SHËNDETSHËM
GRY	I HOLLË
ENDUR	E TRASHË
GJATË	GËRSHETA

87 - Vestiti

```
X G B I K F O D B L U Z Ë A
H J J T Y J Q B Y Z Y L Y K
A X X E T M U W X W S J J G
K C B A R R I P I X L U U H
E W K M I D K P I Z H A M A
T M Ë X K O A A L H B I X X
Ë O M M O R P N V E S H J E
L D I B I E E T G V A K P W
W A S A T Z L A P U N J A C
X J H T V A Ë L C V D F L J
H T Ë H B O U L M I A Q L V
I S H A L L K O Q L L W T F
N I T O V F I N S W E X O Y
S A A L D P L A T F O R M Ë
```

VESHJE
BYZYLYK
BLUZË
KËMISHË
KAPELË
PALLTO
RRIP
GJERDAN
XHAKETË
SKAJ

PLATFORMË
DOREZA
XHINS
TRIKO
MODA
PANTALLONA
PIZHAMA
SANDALE
MBATH
SHALL

88 - Attività e Tempo Libero

```
B S N P C Q C C T P H R E J
O A Ë O E Q Y D E A P T T K
K V S R X S I N Z L D F A
S O B K F U H A I A M R J M
U L E O E R X K S R N O T P
D E J P W T M T I B R K N I
H J S S O X B L M M A J H N
Ë B B H H J H O B I I A D G
T O O T A K I J L F Y G B A
I L L A R T K S M L Q J Z Y
M L L R W P I K T U R A R J
I Q I I P A N Z H Y T J E G
Z B U T Ë S G O L F E X Z A
F U T B O L L A Y L V I T G
```

ART	ZHYTJE
BEJSBOLLI	NOT
BASKETBOLL	VOLEJBOLL
BOKS	PESHKIMI
FUTBOLL	PIKTURA
KAMPING	ZBUTËS
HIKING	PAZAR
KOPSHTARI	SËRF
GOLF	TENIS
HOBI	UDHËTIMI

89 - Tecnologia

```
X C V V U M B S E K R A N S
V B Y D S L M Y O F I O B H
D I X H I T A L T F Z Z L I
O K S B S X K H W E T D O N
S H F L E T U E S I S U G T
J S U K O Ë R F Q K P N E E
E I T Ë N D S O Y U X C W R
F G R R M H O N B E M O U N
U U W K E Ë R T C V R K G E
X R M I S N V I R T U A L T
K I O M A A Q I M F R M M I
Z A F E Z M V V R E Y E X L
L P T A H V I R U S I R N L
S T A T I S T I K A C A M T
```

BLOG
SHFLETUESI
BYTES
KURSOR
TË DHËNA
DIXHITAL
DOSJE
FONT
INTERNETI

MESAZH
KËRKIME
EKRAN
SIGURIA
SOFTUER
STATISTIKA
KAMERA
VIRTUAL
VIRUSI

90 - Arte

```
E K N C D S R D O L H F S S
E O U D P P H R G B U I J U
E M C C E F I P W F M G M R
A P A G R R K K R K O U E E
S L S K S Y S V T E R R T A
U E K P O M I H C U H A H L
B K U O N Ë M B Ë T R J J I
J S L E A Z B U P M L A E Z
E X P Z L U O U M S U M S M
K R T I E A L Q L H U P H I
T A U Q E R A M I K E K T Y
P O R T R E T I Z O J N Ë Q
M W Ë D O R I G J I N A L U
Y T E S F P Ë R B Ë R J A G
```

QERAMIKE
KOMPLEKS
PËRBËRJA
PIKTURA
SHPREHJE
FIGURA
FRYMËZUAR
NDERSHËM
ORIGJINAL

PERSONALE
POEZI
PORTRETIZOJNË
SKULPTURË
E THJESHTË
SIMBOL
SUBJEKT
SUREALIZMI
HUMOR

91 - Meteo

```
T S K B H B C T H A T Ë H M
M O I L M J O H C L C J V J
U E R A I F S A V E Q C E E
S R Y N E M Y T L O Y Q S G
O A F Q A N A Ë A K U L L U
N D Q M U D V S G R E E Q L
P O L A R E O I Ë S R H T L
N T Q I E L L A S M I U M G
Y L B E R O K Q H C D H F J
F L L A D U J S T U H I A E
C E B I Y L T R O P I K A L
E T T E M P E R A T U R Ë P
A T M O S F E R Ë C N H N C
B U B U L L I M X B G T H I
```

YLBER	RE
THATË	POLARE
ATMOSFERË	THATËSIA
FLLAD	TEMPERATURË
QIELL	STUHI
KLIMA	TORNADO
RRUFE	TROPIKAL
AKULL	BUBULLIM
MUSON	LAGËSHT
MJEGULL	ERA

92 - Corpo Umano

```
Y O L X K M C X U H Z Q M S
O D G U O A Y C D B C C J Y
G O J A K Y N J Q S C O E Y
J R U I Ë J Q X T A G B K X
A Ë G Z Y Y D D Z D F N Ë J
K L Ë K U R Ë S E V N Ë R T
F Y T Y R A L G M B C M C A
I S Ç W B C B O R A J K E U
B N H R G Ë P B A M V E S H
A S U P I L R R Y C T K T K
R A N A S Q O R L Q F Ë X R
K L D I H G F M Y Q S M K P
D V Ë X T R U R I L I B C B
A E M D I Q A P B Y K Ë S W
```

GOJA	DORË
KYÇRI	MJEKËR
TRURI	HUNDË
QAFË	SY
ZEMRA	VESH
GISHTI	LËKURËS
FYTYRA	GJAK
KËMBË	SUP
GJU	BARK
BËRRYL	KOKË

93 - Mammiferi

```
S X F D M Y Z H J K B U W A
Z U K O U D E L E O A R I U
F T Q U U M B Z D J L P O J
E B B X V P Ë N A O E R L K
K A N G U R R W Z T N M S U
Q F D G J I R A F Ë A L A L
M O E R P Q I Z K Q Y I J N
N K C S E H J F D D Y D U I
L S A J O T U M D E B N E M
E C D L U A N I H L T G X U
P Q E N Ë Q E L E F A N T I
U F M A C E G O R I L L A F
R Q V N I E A Y J N B J J T
I J L M A J M U N K H X K F
```

BALENA
QEN
KANGUR
KALË
DRE
LEPURI
KOJOTË
DELFIN
ELEFANTI
MACE

GJIRAFË
GORILLA
LUANI
UJKU
ARIU
DELE
MAJMUN
DEM
FOKS
ZEBËR

94 - Arrampicata

```
K  I  I  L  D  S  H  P  E  L  L  Ë  E  W
D  M  H  R  O  W  H  I  K  I  N  G  Y  L
S  W  K  U  R  E  S  H  T  J  E  H  W  Q
C  C  P  E  E  A  N  S  S  C  X  H  E  J
H  X  M  Y  Z  T  G  E  T  A  B  X  K  C
K  C  T  P  A  M  U  L  A  R  T  Ë  S  I
F  O  R  C  Ë  O  S  S  B  Y  M  K  P  U
L  D  A  F  I  S  H  F  I  Z  I  K  E  D
I  Ë  J  G  S  F  T  I  L  M  H  I  R  H
M  O  N  U  I  E  Ë  D  I  H  A  R  T  Ë
D  H  I  D  V  R  U  A  T  H  P  M  R  Z
G  S  M  X  I  Ë  Y  T  E  O  F  K  S  U
A  I  A  J  E  M  Q  D  T  X  J  M  T  E
H  E  L  M  E  T  A  Ç  I  Z  M  E  N  S
```

LARTËSI	SHPELLË
ATMOSFERË	DOREZA
HELMETA	UDHËZUES
KURESHTJE	LËNDIM
HIKING	HARTË
EKSPERT	SFIDAT
FIZIKE	STABILITETI
TRAJNIM	ÇIZME
FORCË	NGUSHTË

95 - Animali Domestici

```
C F Q V K H L V Q B F Z K H
U S H Q I M L E U P B I T T
K Z P M M K O T E F R A H N
B O U U A O J E B L E Q E G
L L T V C V B R N O S E T J
O F R E E G R I Q O H N R J
P H A M L X E N M H K U A A
Ë A T T D E J E N I Ë S T K
G R P C H E T R T E U H B Ë
B D B A I O Ë P E S H K S O
N H O Y G U S B I S H T S E
K U J I K A I N H P M K H Q
F C T H X Q L Q E N V C W Z
F Ë Q F P Z J L E P U R I P
```

UJI	KOTELE
KTHETRAT	MACE
QEN	HARDHUCË
DHI	LOPË
USHQIM	PAPAGALL
BISHT	PESHK
JAKË	BRESHKË
LEPURI	MIU
LLOJ BREJTËSI	VETERINER
QENUSH	PUTRAT

96 - Cucina

```
R L S S K Y V L W Q A T A S
W L P A H R I X F Z B H G N
M R L E B K X R A G P I A Q
B N F N C E O O P Z V K K S
E S D Ë Q E L P C O U A G B
Q F R E C E T A I W F G E T
K U S H Q I M Ë V N V U A J
I N T L F L O I A N J J S J
B G F U R R Ë J J G O T A Y
R J O G F R I G O R I F E R
I E R Ë Z A V R W I J P F K
K R K O T G B X P R W R H R
I W S S I H I G R Ë S C K D
P L A T F O R M Ë S B D M W
```

SHKOPINJ	FRIGORIFER
IBRIK	PLATFORMË
ENË	VUAJ
USHQIM	RECETA
TAS	ERËZA
THIKA	SFUNGJER
NGRIRËS	GOTA
LUGË	PECETË
FORKS	JAR
FURRË	

97 - Vacanze #2

```
N U P V B V L U Y Ç O M D L
M D N W G T F A G A E G W T
K O H A E L I R Ë D Q K S R
D F E I H U A J X Ë Z O C A
P A S A P O R T Ë R C P K N
V I Z A F R Y V R U A L J S
E U E U T E D R E D E A W P
W M A L E T Q E S H R Z K O
T R E N K H A R T Ë O H A R
F A J C L O Y V O T P R M T
I W K Y I T Q Z R I O G P I
Y N B S M E M Y A M R E I S
G V L V I L M P N B T I N D
F I S H U L L D T U U C G W
```

AEROPORT
KAMPING
HOTEL
ISHULL
HARTË
DET
MALET
PASAPORTË
RESTORANT

PLAZH
I HUAJ
TAKSI
KOHA E LIRË
ÇADËR
TRANSPORTI
TREN
UDHËTIM
VIZA

98 - Attività

```
F E Q E R A M I K A H Y K L
U O N S X M K P Ë T P A O O
C S T I J X T M N T K C P J
Y Q V O G I E M A G J I S Ë
N E B H G M K O Q A F P H R
V P H H H R A O Ë R D M T A
A J Y Ç C P A Q S T D N A A
L E Y M L C P F I G K Q R D
L L U T R O F Z I E Y J I W
Ë J G W R N D Z A N A T E T
Z W A W P E S H K I M I B G
I K A M P I N G J U E T I A
M A F T Ë S I V L E X I M I
I H I K I N G X L T B I N T
```

AFTËSI
ART
ZANATET
GJUETIA
KAMPING
QERAMIKA
QEPJE
VALLËZIMI
HIKING

FOTOGRAFI
KOPSHTARI
LOJËRA
LEXIMI
MAGJI
PESHKIMI
KËNAQËSI
ENIGMA
ÇLODHJE

99 - Forniture Artistiche

```
I  V  C  V  Y  N  K  P  K  F  M  J  H  F
H  K  X  M  A  G  Ë  A  K  R  I  L  I  K
U  C  V  E  R  J  M  S  P  C  R  I  Z  A
M  C  Z  N  G  Y  B  T  A  B  E  L  A  R
F  M  R  G  J  R  A  E  M  R  L  A  Z  R
B  A  Q  J  I  A  L  L  I  D  E  P  X  I
R  O  N  I  L  T  E  E  G  U  T  S  I  G
R  O  J  T  Ë  H  C  B  O  J  Ë  A  R  E
J  E  U  Ë  A  A  C  X  M  Q  R  F  S  I
V  Q  J  S  R  Z  L  J  Ë  R  L  W  J  J
C  S  I  L  D  A  I  Q  F  U  R  C  A  V
P  V  P  N  S  S  U  A  L  S  O  B  M  M
I  S  R  S  F  J  N  J  T  K  W  F  N  Y
U  R  F  J  A  Y  B  X  I  B  O  O  T  Q
```

UJI	GOMË
BOJËRA UJI	IDE
AKRILIK	BOJË
ARGJILË	LAPSA
LETËR	VAJ
KËMBALEC	PASTELE
NGJITËS	KARRIGE
NGJYRAT	FURCA
FANTAZIA	TABELA

100 - Misurazioni

```
X C E N T I M E T Ë R Z S B
C F W E R P V Ë L L I M I N
G S V D N A T K H P F D T B
Z T T D D G R A D Ë E K E K
O G P G H I W V M B B S M F
I K R G J E R Ë S I A V H L
T N N J E D W M K E J R V A
H R Ç A T N P P I N T Ë C R
E M G T O N J Q L D J I I T
L I T Ë R E M U O A O M D Ë
L N U S E N D B G E G N W S
Ë U X I J U I P R T H D S I
S T M A T Ë S X A G R A M A
I Ë B E K I L O M E T Ë R K
```

LARTËSIA
BAJT
CENTIMETËR
KILOGRAM
KILOMETËR
DHJETORE
GRADË
GRAM
GJERËSIA
LITËR

GJATËSIA
MATËS
MINUTË
ONS
PESHA
PINTË
INÇ
THELLËSI
TON
VËLLIMI

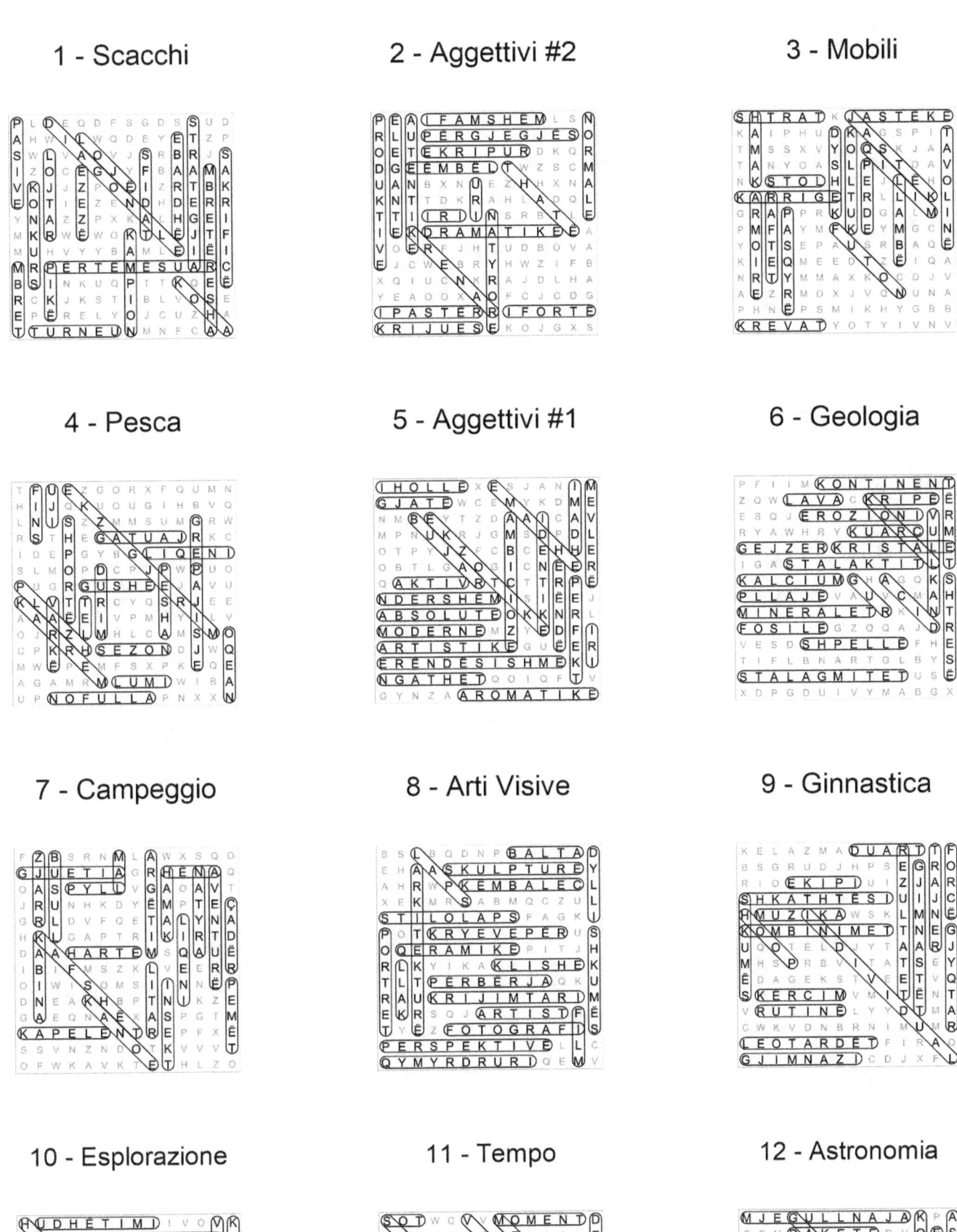

1 - Scacchi

2 - Aggettivi #2

3 - Mobili

4 - Pesca

5 - Aggettivi #1

6 - Geologia

7 - Campeggio

8 - Arti Visive

9 - Ginnastica

10 - Esplorazione

11 - Tempo

12 - Astronomia

13 - Circo

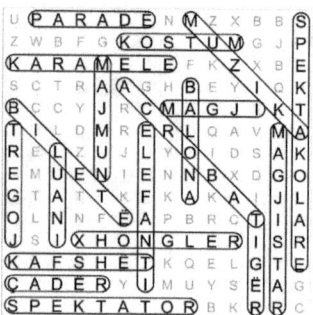

14 - Mitologia

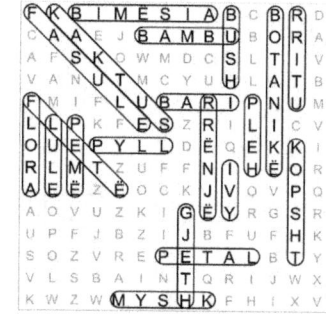

15 - Piante

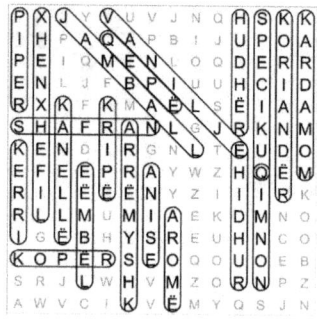

16 - Spezie

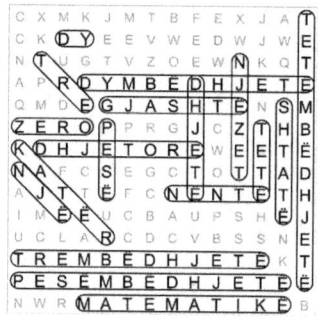

17 - Numeri

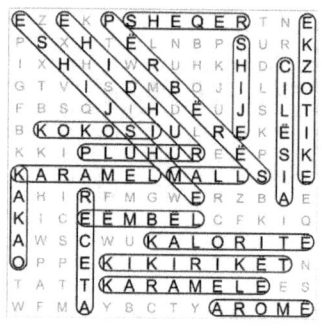

18 - Cioccolato

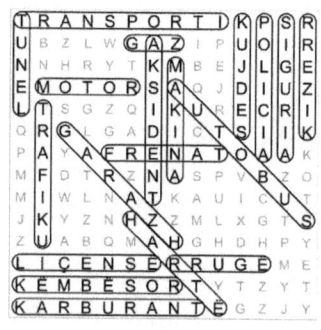

19 - Guida

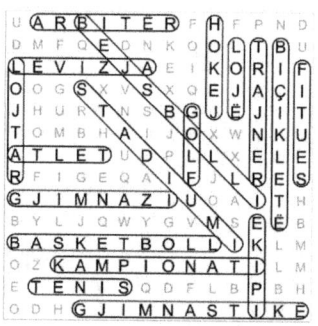

20 - Sport

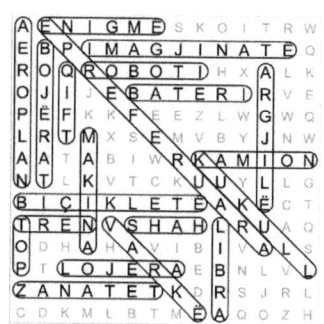

21 - Giocattoli

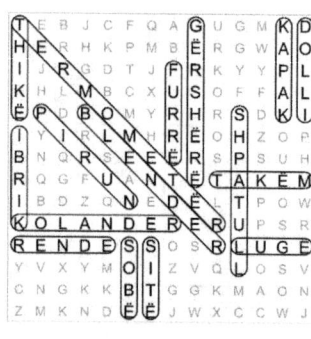

22 - Strumenti di Cottura

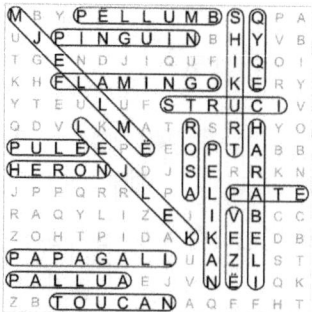

23 - Uccelli

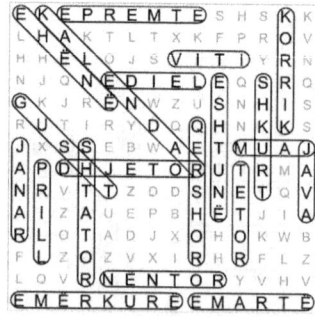

24 - Giorni e Mesi

25 - Casa

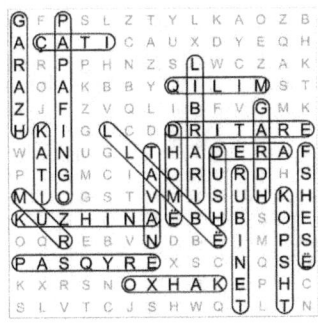

26 - Fantascienza

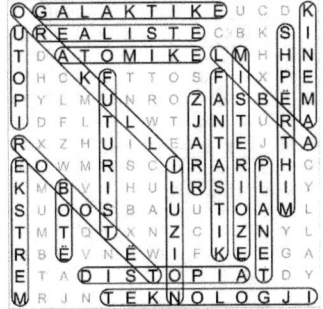

27 - Città

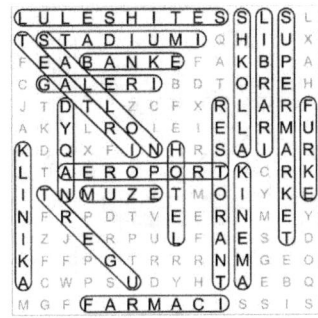

28 - Compleanno

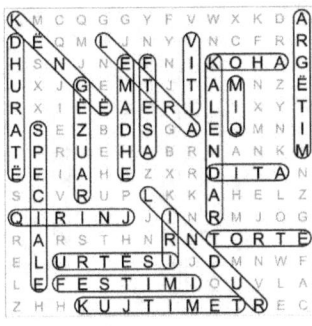

29 - Fattoria #1

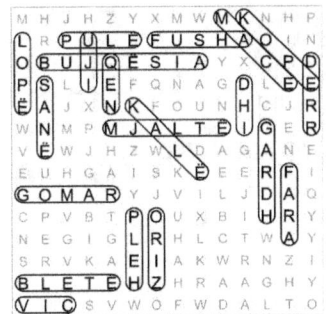

30 - Paesaggi

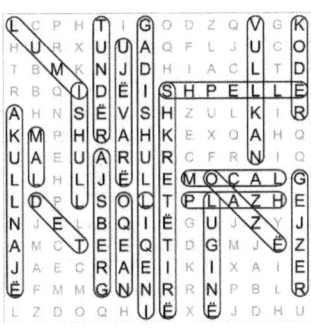

31 - Ristorante #2

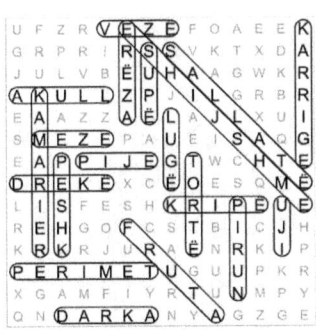

32 - Giardino

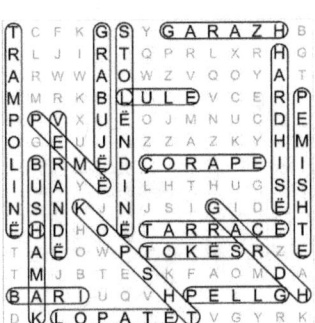

33 - Frutta

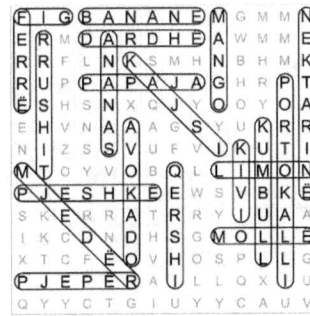

34 - Fattoria #2

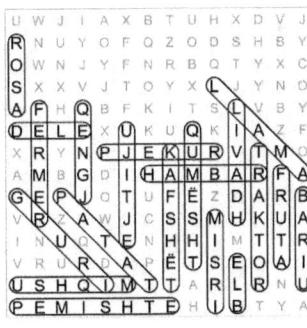

35 - Dinosauri

36 - Verdure

37 - Scuola #2

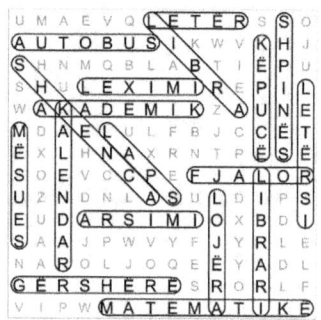

38 - Gentilezza

39 - Barbecue

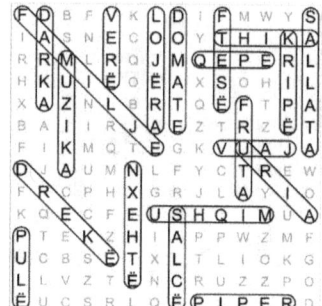

40 - Riempire

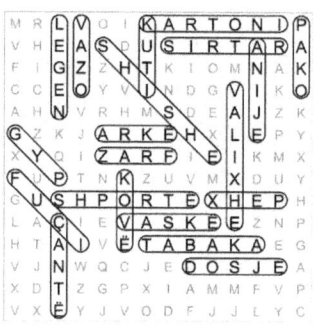

41 - Insetti

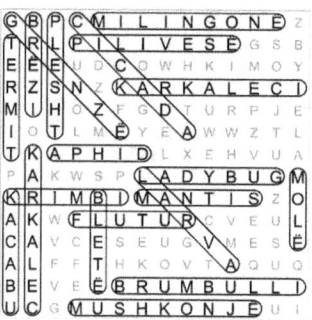

42 - Erboristeria

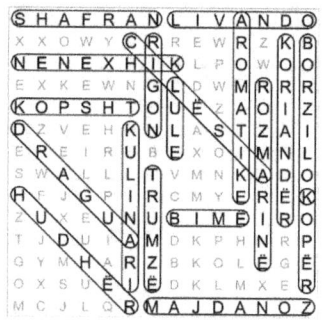

43 - Danza

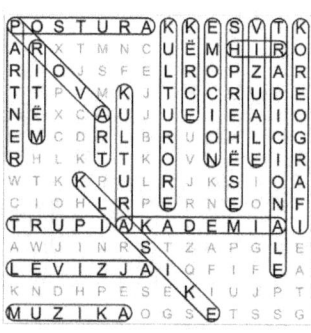

44 - Scuola #1

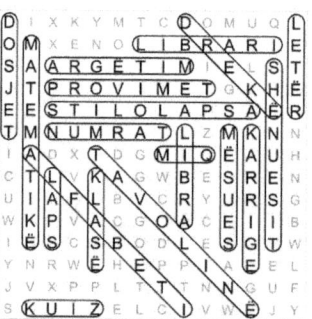

45 - Fiori

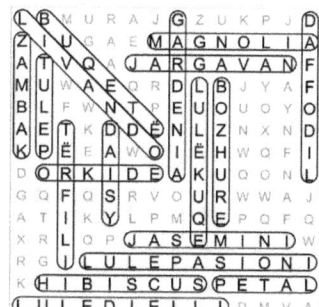

46 - Ecologia

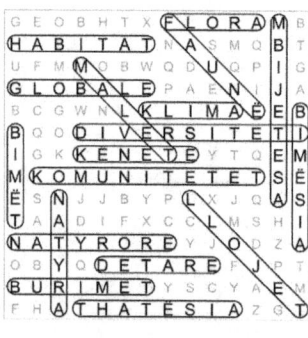

47 - Discipline Scientifiche

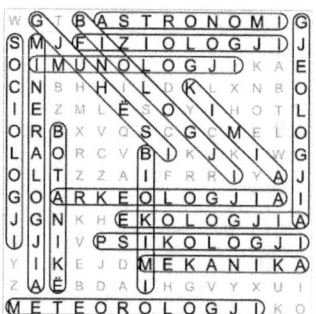

48 - Scienza

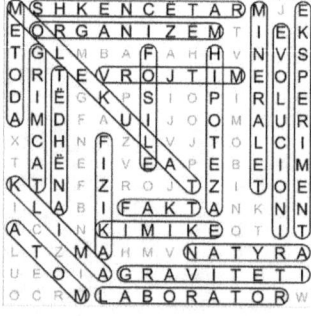

49 - Acqua

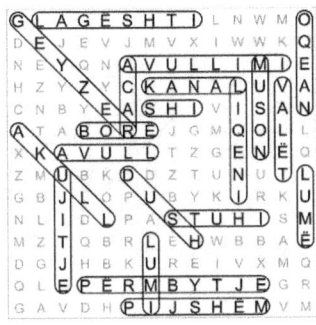

50 - Gatti

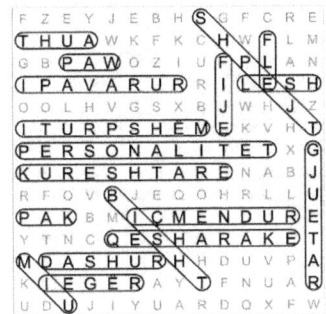

51 - Surf

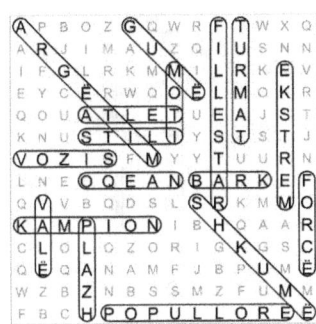

52 - Imbarcazioni

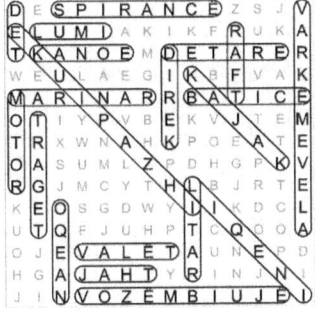

53 - Api

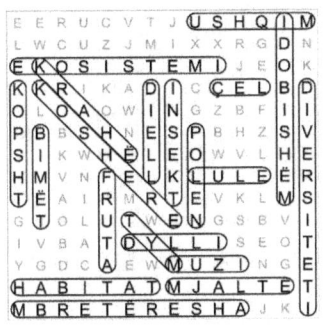

54 - Conservazione

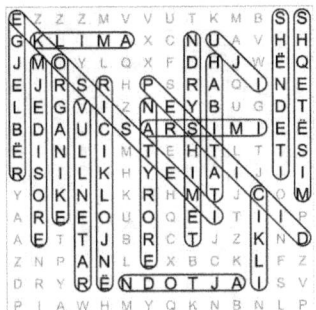

55 - Strumenti Musicali

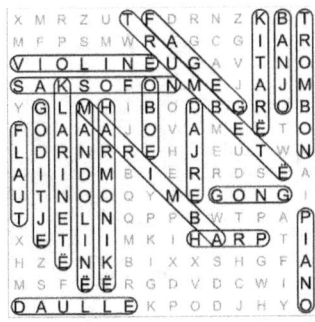

56 - Professioni #2

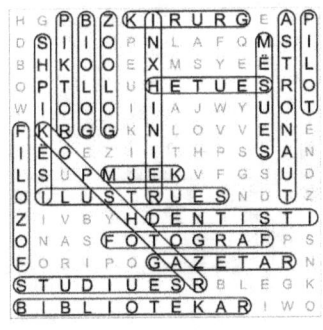

57 - Letteratura

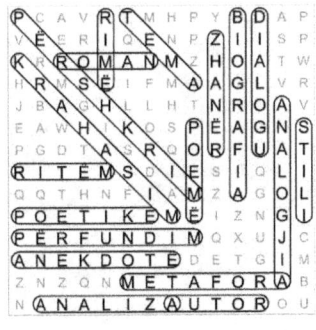

58 - Cibo #2

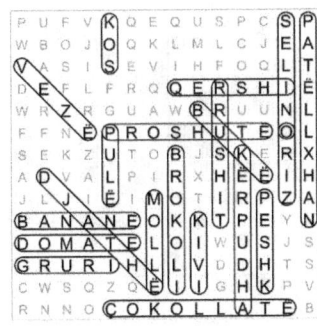

59 - Nutrizione

60 - Matematica

61 - Meditazione

62 - Estate

63 - Escursionismo

64 - Professioni #1

65 - Antartide

66 - Libri

67 - Geografia

68 - Cibo #1

69 - Aeroplani

70 - Pirati

71 - Colori

72 - Spiaggia

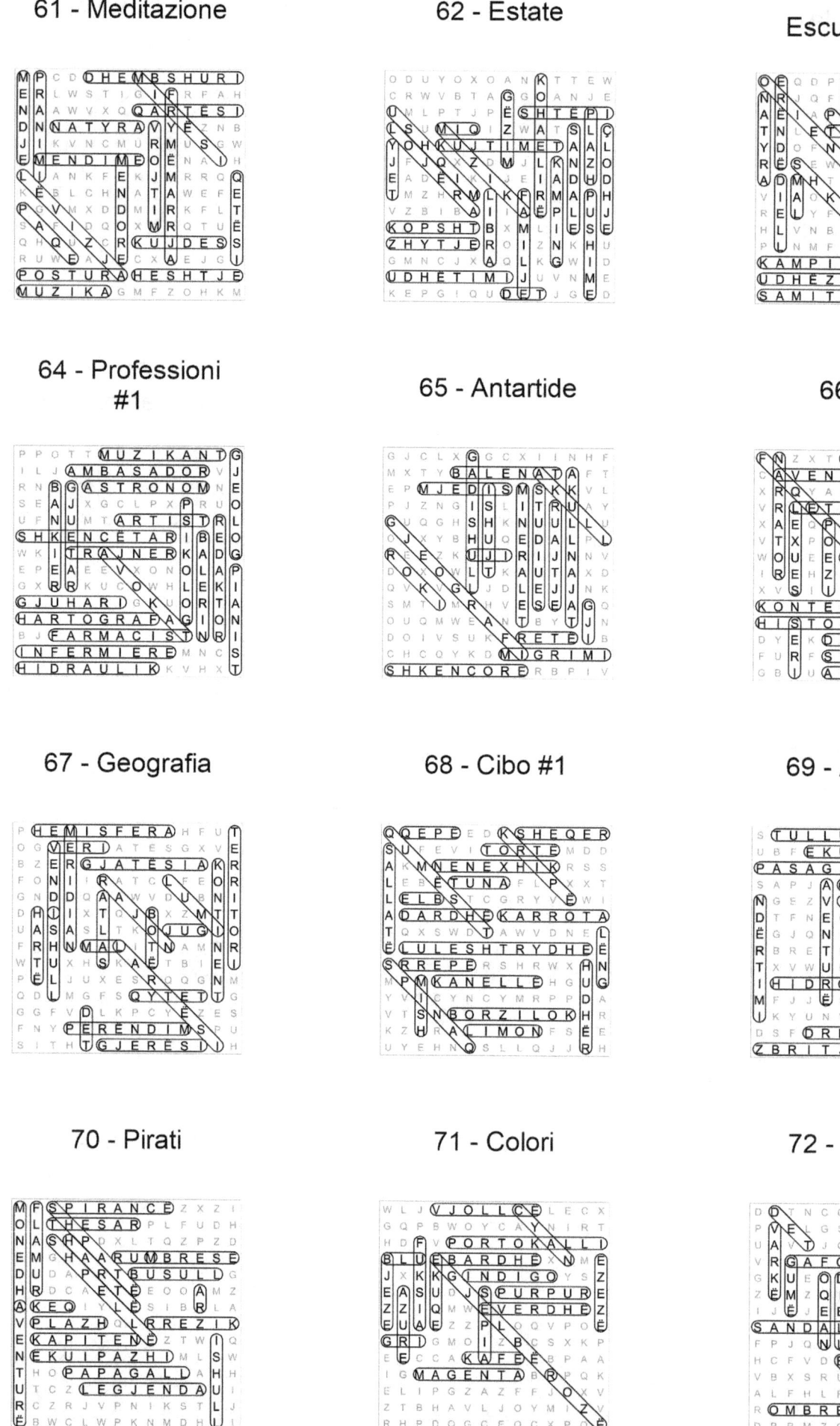

73 - Avventura

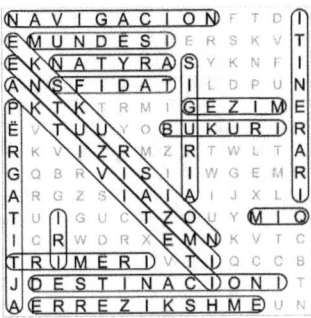

74 - Forme

75 - Oceano

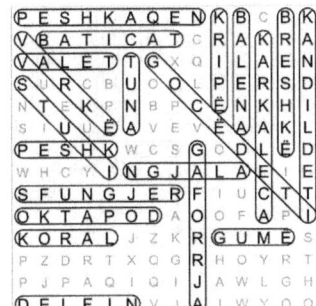

76 - Famiglia

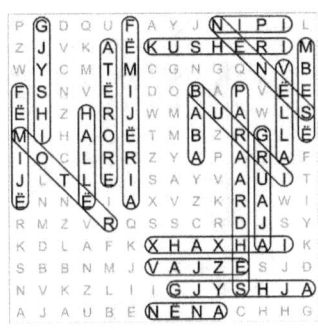

77 - Veicoli

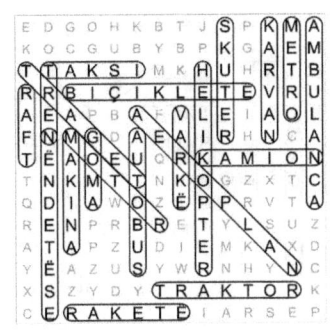

78 - Emozioni

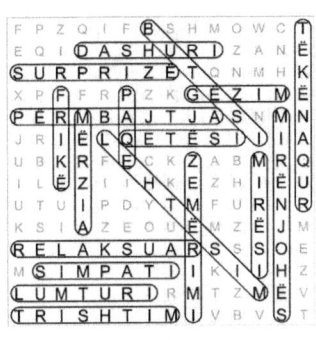

79 - Natura

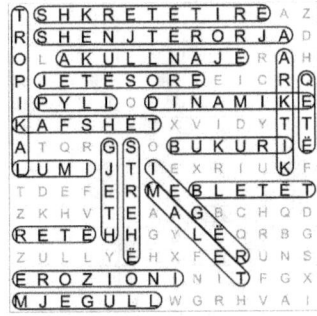

80 - Balletto

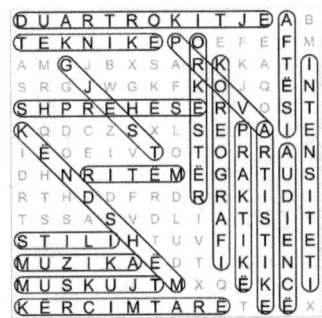

81 - Castelli

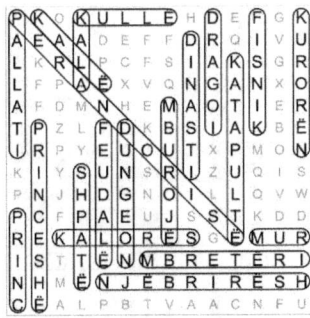

82 - Campionato

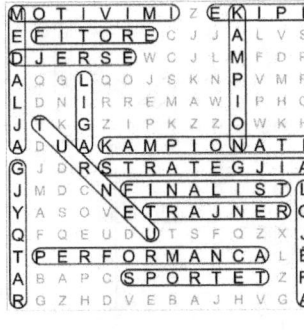

83 - Foresta Pluviale

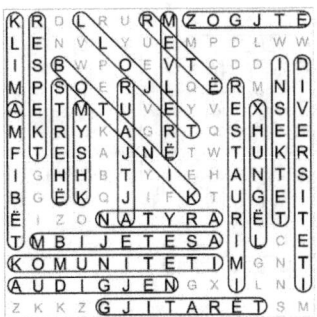

84 - Edifici

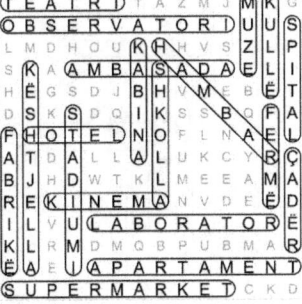

85 - Paesi #2

86 - Tipi di Capelli

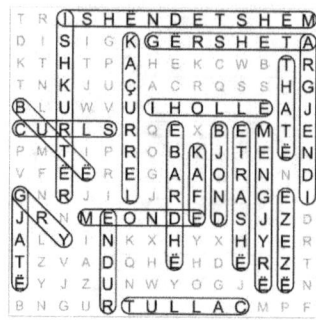

87 - Vestiti

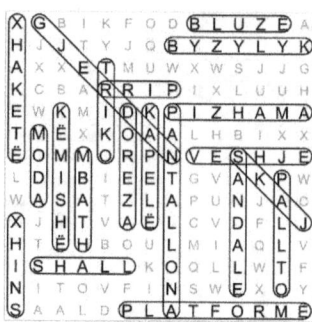

88 - Attività e Tempo Libero

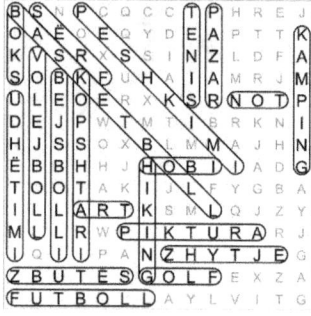

89 - Tecnologia

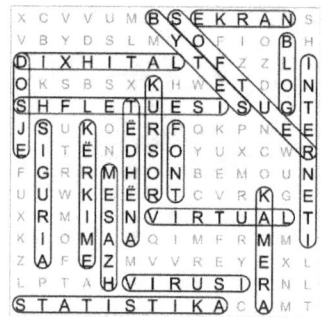

90 - Arte

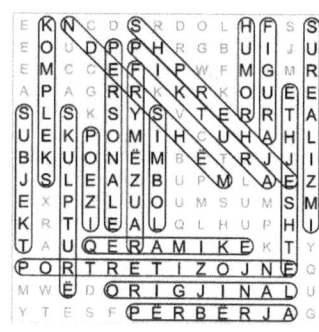

91 - Meteo

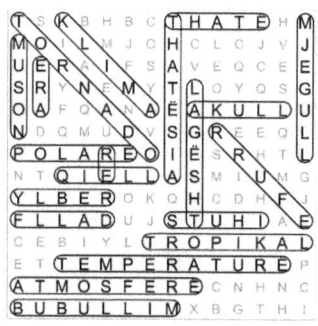

92 - Corpo Umano

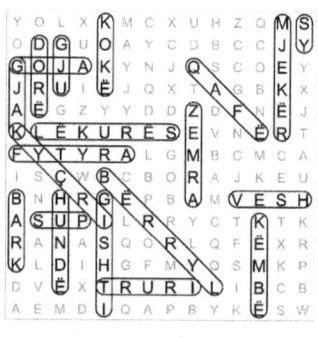

93 - Mammiferi

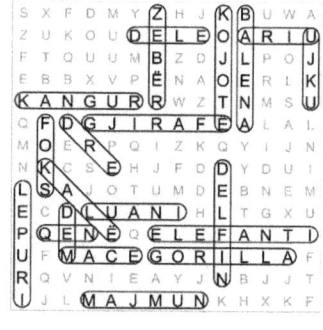

94 - Arrampicata

95 - Animali Domestici

96 - Cucina

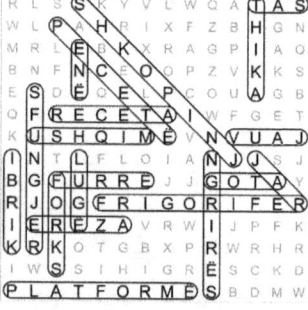

97 - Vacanze #2

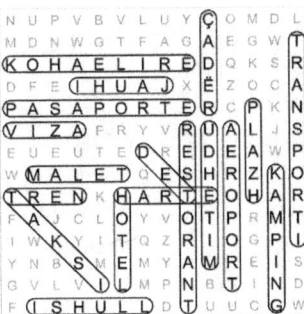

98 - Attività

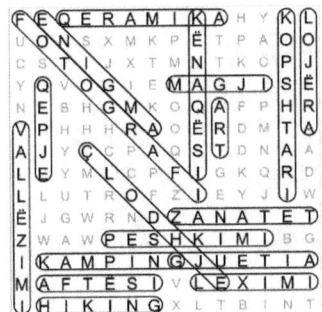

99 - Forniture Artistiche

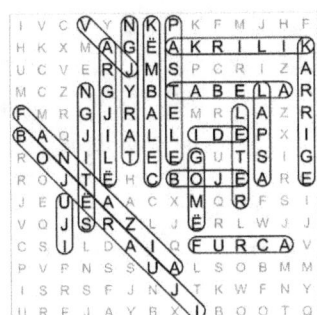

100 - Misurazioni

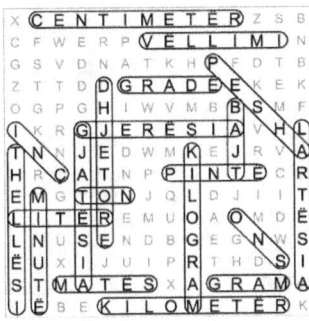

Dizionario

Acqua
Uji

Alluvione	Përmbytje
Canale	Kanal
Doccia	Dush
Evaporazione	Avullimi
Fiume	Lumi
Flusso	Lumë
Gelo	Acar
Geyser	Geyzer
Ghiaccio	Akull
Irrigazione	Ujitje
Lago	Liqeni
Monsone	Muson
Neve	Borë
Oceano	Oqean
Onde	Valët
Pioggia	Shi
Potabile	Pijshëm
Umidità	Lagështi
Uragano	Stuhi
Vapore	Avull

Aeroplani
Aeroplanët

Altezza	Lartësia
Altitudine	Lartësi
Aria	Ajri
Atmosfera	Atmosferë
Atterraggio	Ulje
Avventura	Aventurë
Carburante	Karburant
Cielo	Qiell
Costruzione	Ndërtimi
Design	Dizajni
Direzione	Drejtim
Discesa	Zbritje
Equipaggio	Ekuipazhi
Idrogeno	Hidrogjen
Motore	Motor
Palloncino	Tullumbace
Passeggero	Pasagjer
Pilota	Pilot
Storia	Histori
Turbolenza	Turbullira

Aggettivi #1
Mbiemrat #1

Ambizioso	Ambicioze
Aromatico	Aromatike
Artistico	Artistike
Assoluto	Absolute
Attivo	Aktiv
Enorme	I Madh
Esotico	Ekzotike
Generoso	Bujar
Giovane	I Ri
Grande	E Madhe
Identico	Identike
Importante	E Rëndësishme
Lento	Ngathët
Lungo	Gjatë
Moderno	Moderne
Onesto	Ndershëm
Perfetto	Perfekt
Pesante	E Rëndë
Prezioso	Me Vlerë
Sottile	I Hollë

Aggettivi #2
Mbiemrat #2

Affamato	Uri
Asciutto	Thatë
Autentico	Autentike
Creativo	Krijues
Descrittivo	Përshkrues
Dolce	E Ëmbël
Drammatico	Dramatike
Elegante	Elegante
Famoso	I Famshëm
Forte	I Fortë
Interessante	Interesante
Naturale	Natyrore
Normale	Normale
Nuovo	I Ri
Orgoglioso	Krenar
Produttivo	Produktive
Puro	I Pastër
Responsabile	Përgjegjës
Salato	E Kripur
Sano	I Shëndetshëm

Animali Domestici
Kafshët Shtëpiake

Acqua	Uji
Artigli	Kthetrat
Cane	Qen
Capra	Dhi
Cibo	Ushqim
Coda	Bisht
Collare	Jakë
Coniglio	Lepuri
Criceto	Lloj Brejtësi
Cucciolo	Qenush
Gattino	Kotele
Gatto	Mace
Lucertola	Hardhucë
Mucca	Lopë
Pappagallo	Papagall
Pesce	Peshk
Tartaruga	Breshkë
Topo	Miu
Veterinario	Veteriner
Zampe	Putrat

Antartide
Antarktidë

Acqua	Uji
Ambiente	Mjedis
Baia	Gji
Balene	Balenat
Conservazione	Ruajtje
Continente	Kontinent
Geografia	Gjeografi
Ghiacciai	Akullnajat
Ghiaccio	Akull
Isole	Ishujt
Migrazione	Migrimi
Minerali	Mineralet
Nuvole	Retë
Penisola	Gadishull
Ricercatore	Studiues
Roccioso	Roki
Scientifico	Shkencore
Spedizione	Ekspeditë
Temperatura	Temperatura
Topografia	Topografia

Api
Bletët

Ali	Krahë
Alveare	Koshere
Benefico	I Dobishëm
Cera	Dylli
Cibo	Ushqim
Diversità	Diversiteti
Ecosistema	Ekosistemi
Fiori	Lule
Fiorire	Çel
Frutta	Fruta
Fumo	Tym
Giardino	Kopsht
Habitat	Habitat
Insetto	Insekt
Miele	Mjaltë
Piante	Bimët
Polline	Polen
Regina	Mbretëresha
Sciame	Muzi
Sole	Diell

Arrampicata
Ngjitje

Altitudine	Lartësi
Atmosfera	Atmosferë
Casco	Helmeta
Curiosità	Kureshtje
Escursioni	Hiking
Esperto	Ekspert
Fisico	Fizike
Formazione	Trajnim
Forza	Forcë
Grotta	Shpellë
Guanti	Doreza
Guide	Udhëzues
Lesione	Lëndim
Mappa	Hartë
Sfide	Sfidat
Stabilità	Stabiliteti
Stivali	Çizme
Stretto	Ngushtë
Terreno	Terreni

Arte
Art

Ceramica	Qeramike
Complesso	Kompleks
Composizione	Përbërja
Creare	Krijoni
Dipinti	Piktura
Espressione	Shprehje
Figura	Figura
Ispirato	Frymëzuar
Onesto	Ndershëm
Originale	Origjinal
Personale	Personale
Poesia	Poezi
Ritrarre	Portretizojnë
Scultura	Skulpturë
Semplice	E Thjeshtë
Simbolo	Simbol
Soggetto	Subjekt
Surrealismo	Surealizmi
Umore	Humor
Visivo	Vizuale

Arti Visive
Artet Pamore

Architettura	Arkitekturë
Argilla	Balta
Artista	Artist
Capolavoro	Kryevepër
Carbone	Qymyr Druri
Cavalletto	Këmbalec
Cera	Dylli
Ceramica	Qeramikë
Composizione	Përbërja
Creatività	Krijimtari
Film	Film
Fotografia	Fotografi
Gesso	Shkumës
Matita	Laps
Penna	Stilolaps
Prospettiva	Perspektivë
Ritratto	Portret
Scultura	Skulpturë
Stampino	Klishe
Vernice	Llak

Astronomia
Astronomi

Asteroide	Asteroidi
Astronauta	Astronaut
Astronomo	Astronom
Cielo	Qiell
Cosmo	Kozmosi
Costellazione	Plojësi
Equinozio	Ekuinoksi
Galassia	Galaktikë
Gravità	Graviteti
Luna	Hëna
Meteora	Meteor
Nebulosa	Mjegullnaja
Osservatorio	Observatori
Pianeta	Planet
Radiazione	Rrezatimi
Razzo	Raketë
Supernova	Supernova
Telescopio	Teleskop
Terra	Toka
Universo	Gjithësi

Attività
Aktivitetet

Abilità	Aftësi
Arte	Art
Artigianato	Zanatet
Attività	Aktiviteti
Caccia	Gjuetia
Campeggio	Kamping
Ceramica	Qeramika
Cucire	Qepje
Danza	Vallëzimi
Escursioni	Hiking
Fotografia	Fotografi
Giardinaggio	Kopshtari
Giochi	Lojëra
Lettura	Leximi
Magia	Magji
Pesca	Peshkimi
Piacere	Kënaqësi
Puzzle	Enigma
Rilassamento	Çlodhje
Tempo Libero	Koha e Lirë

Attività e Tempo Libero
Aktivitetet dhe Koha e L

Arte	Art
Baseball	Bejsbolli
Basket	Basketboll
Boxe	Boks
Calcio	Futboll
Campeggio	Kamping
Escursioni	Hiking
Giardinaggio	Kopshtari
Golf	Golf
Hobby	Hobi
Immersione	Zhytje
Nuoto	Not
Pallavolo	Volejboll
Pesca	Peshkimi
Pittura	Piktura
Rilassante	Zbutës
Shopping	Pazar
Surf	Sërf
Tennis	Tenis
Viaggio	Udhëtimi

Avventura
Aventurë

Amici	Miq
Attività	Aktiviteti
Bellezza	Bukuri
Coraggio	Trimëri
Destinazione	Destinacioni
Difficoltà	Vështirësi
Entusiasmo	Entuziazmi
Escursione	Ekskursion
Gioia	Gëzim
Insolito	E Pazakontë
Itinerario	Itinerari
Natura	Natyra
Navigazione	Navigacion
Nuovo	I Ri
Opportunità	Mundësi
Pericoloso	E Rrezikshme
Preparazione	Përgatitja
Sfide	Sfidat
Sicurezza	Siguria
Viaggi	Udhëtimet

Balletto
Baletit

Abilità	Aftësi
Applauso	Duartrokitje
Artistico	Artistike
Ballerina	Balerina
Ballerini	Kërcimtarë
Compositore	Kompozitor
Coreografia	Koreografi
Espressivo	Shprehëse
Gesto	Gjest
Grazioso	Këndshëm
Intensità	Intensiteti
Muscoli	Muskujt
Musica	Muzika
Orchestra	Orkestër
Pratica	Praktikë
Prova	Prova
Pubblico	Audiencë
Ritmo	Ritëm
Stile	Stili
Tecnica	Teknikë

Barbecue
Barbekju

Caldo	Nxehtë
Cena	Darka
Cibo	Ushqim
Cipolle	Qepë
Coltelli	Thika
Estate	Verë
Fame	Uria
Famiglia	Familje
Frutta	Fruta
Giochi	Lojëra
Griglia	Vuaj
Insalate	Sallata
Invito	Ftesë
Musica	Muzika
Pepe	Piper
Pollo	Pulë
Pomodori	Domate
Pranzo	Drekë
Sale	Kripë
Salsa	Salcë

Campeggio
Kampingu

Alberi	Pemët
Amaca	Hamak
Animali	Kafshët
Avventura	Aventurë
Bussola	Busull
Cabina	Kabina
Caccia	Gjuetia
Canoa	Kanoe
Cappello	Kapelë
Corda	Litar
Divertimento	Argëtim
Foresta	Pyll
Fuoco	Zjarr
Insetto	Insekt
Lago	Liqeni
Luna	Hëna
Mappa	Hartë
Montagna	Mal
Natura	Natyra
Tenda	Çadër

Campionato
Kampionati

Allenatore	Trajner
Campionato	Kampionati
Campione	Kampion
Finalista	Finalist
Giochi	Lojëra
Giudice	Gjyqtar
Lega	Liga
Medaglia	Medalja
Motivazione	Motivimi
Prestazione	Performanca
Resistenza	Qëndrueshmëri
Sportivo	Sportet
Squadra	Ekipi
Strategia	Strategjia
Sudore	Djersë
Torneo	Turneu
Vittoria	Fitore

Casa
Shtëpia

Attico	Papafingo
Biblioteca	Librari
Camera	Dhomë
Camino	Oxhak
Cucina	Kuzhina
Doccia	Dush
Finestra	Dritare
Garage	Garazh
Giardino	Kopsht
Lampada	Llambë
Parete	Mur
Pavimento	Kati
Porta	Dera
Recinto	Gardh
Rubinetto	Rubinet
Scopa	Fshesë
Soffitto	Tavan
Specchio	Pasqyrë
Tappeto	Qilim
Tetto	Çati

Castelli
Kështjella

Catapulta	Katapultë
Cavaliere	Kalorës
Cavallo	Kalë
Corona	Kurorën
Dinastia	Dinasti
Drago	Dragoi
Dungeon	Dungeon
Feudale	Feudalë
Fortezza	Kala
Impero	Perandorisë
Nobile	Fisnik
Palazzo	Pallati
Parete	Mur
Principe	Princ
Principessa	Princeshë
Regno	Mbretëri
Scudo	Mburojë
Spada	Shpatë
Torre	Kullë
Unicorno	Njëbrirësh

Cibo #1
Ushqimi Numër 1

Aglio	Hudhër
Basilico	Borzilok
Cannella	Kanellë
Carne	Mish
Carota	Karrota
Cipolla	Qepë
Fragola	Luleshtrydhe
Insalata	Sallatë
Latte	Qumësht
Limone	Limon
Menta	Nenexhik
Orzo	Elb
Pera	Dardhë
Rapa	Rrepë
Sale	Kripë
Spinaci	Spinaq
Succo	Lëng
Tonno	Tuna
Torta	Tortë
Zucchero	Sheqer

Cibo #2
Ushqimi Numër 2

Banana	Banane
Broccolo	Brokoli
Ciliegia	Qershi
Cioccolato	Çokollatë
Formaggio	Djathë
Fungo	Kërpudha
Grano	Gruri
Kiwi	Kivi
Mela	Mollë
Melanzana	Patëllxhan
Pane	Bukë
Pesce	Peshk
Pollo	Pulë
Pomodoro	Domate
Prosciutto	Proshutë
Riso	Oriz
Sedano	Selino
Uovo	Vezë
Uva	Rrushit
Yogurt	Kos

Cioccolato
Çokollatë

Amaro	E Hidhur
Antiossidante	Antioksidues
Arachidi	Kikirikët
Brama	Mall
Cacao	Kakao
Calorie	Kaloritë
Caramella	Karamele
Caramello	Karamel
Delizioso	E Shijshme
Dolce	E Ëmbël
Esotico	Ekzotike
Gusto	Shije
Gusto	Aromë
Ingrediente	Përbërës
Noce di Cocco	Kokosi
Polvere	Pluhur
Preferito	E Preferuara
Qualità	Cilësia
Ricetta	Receta
Zucchero	Sheqer

Circo
Cirku

Acrobata	Acrobat
Animali	Kafshët
Biglietto	Biletë
Caramella	Karamele
Costume	Kostum
Elefante	Elefanti
Giocoliere	Xhongler
Leone	Luani
Magia	Magji
Mago	Magjistar
Mostrare	Tregoj
Musica	Muzika
Palloncini	Balona
Parata	Paradë
Scimmia	Majmun
Spettacolare	Spektakolare
Spettatore	Spektator
Tenda	Çadër
Tigre	Tigër
Trucco	Mashtrim

Città
Qyteti

Aeroporto	Aeroport
Banca	Bankë
Biblioteca	Librari
Cinema	Kinema
Clinica	Klinika
Farmacia	Farmaci
Fiorista	Luleshitës
Galleria	Galeri
Hotel	Hotel
Mercato	Tregu
Museo	Muze
Negozio	Dyqan
Panetteria	Furke
Ristorante	Restorant
Salone	Sallon
Scuola	Shkolla
Stadio	Stadiumi
Supermercato	Supermarket
Teatro	Teatri
Università	Universiteti

Colori
Ngjyrat

Arancia	Portokalli
Azzurro	Azure
Beige	Bjeze
Bianco	E Bardhë
Blu	Blu
Ciano	Cyan
Cremisi	Purpur
Fucsia	Fuksia
Giallo	E Verdhë
Grigio	Gri
Indaco	Indigo
Magenta	Magenta
Marrone	Kafe
Nero	E Zezë
Rosa	Rozë
Rosso	E Kuqe
Seppia	Sepia
Verde	E Gjelbër
Viola	Vjollcë

Compleanno
Ditëlindjen

Amici	Miq
Anno	Viti
Calendario	Kalendar
Candele	Qirinj
Canzone	Këngë
Carte	Letra
Celebrazione	Festimi
Divertimento	Argëtim
Felice	Gëzuar
Giorno	Dita
Giovane	I Ri
Grande	E Madhe
Inviti	Ftesa
Nato	Lindur
Regalo	Dhuratë
Ricordi	Kujtimet
Saggezza	Urtësi
Speciale	Speciale
Tempo	Koha
Torta	Tortë

Conservazione
Konservimi

Acqua	Uji
Ambientale	Mjedisore
Cambiamenti	Ndryshimet
Ciclo	Cikli
Clima	Klima
Ecosistema	Ekosistemi
Educazione	Arsimi
Habitat	Habitat
Inquinamento	Ndotja
Naturale	Natyrore
Organico	Organike
Pesticida	Pesticid
Preoccupazione	Shqetësim
Riciclare	Riciklojnë
Salute	Shëndeti
Verde	E Gjelbër
Volontario	Vullnetar

Corpo Umano
Trupi i Njeriut

Bocca	Goja
Caviglia	Kyçri
Cervello	Truri
Collo	Qafë
Cuore	Zemra
Dito	Gishti
Faccia	Fytyra
Gamba	Këmbë
Ginocchio	Gju
Gomito	Bërryl
Mano	Dorë
Mento	Mjekër
Naso	Hundë
Occhio	Sy
Orecchio	Vesh
Pelle	Lëkurës
Sangue	Gjak
Spalla	Sup
Stomaco	Bark
Testa	Kokë

Cucina
Kuzhina

Bacchette	Shkopinj
Bollitore	Ibrik
Brocca	Enë
Cibo	Ushqim
Ciotola	Tas
Coltelli	Thika
Congelatore	Ngrirës
Cucchiai	Lugë
Forchette	Forks
Forno	Furrë
Frigorifero	Frigorifer
Grembiule	Platformë
Griglia	Vuaj
Ricetta	Receta
Spezie	Erëza
Spugna	Sfungjer
Tazze	Gota
Tovagliolo	Pecetë
Vaso	Jar

Danza
Valle

Accademia	Akademia
Arte	Art
Classico	Klasike
Compagno	Partner
Coreografia	Koreografi
Corpo	Trupi
Cultura	Kultura
Culturale	Kulturore
Emozione	Emocion
Espressivo	Shprehëse
Grazia	Hir
Movimento	Lëvizja
Musica	Muzika
Postura	Postura
Prova	Prova
Ritmo	Ritëm
Salto	Kërce
Tradizionale	Tradicionale
Visivo	Vizuale

Dinosauri
Dinosaurët

Ali	Krahë
Carnivoro	Mishngrënës
Coda	Bisht
Enorme	I Madh
Erbivoro	Barngrënës
Evoluzione	Evolucioni
Fossili	Fosilet
Grande	E Madhe
Mammut	Vigan
Onnivoro	Omnivori
Potente	I Fuqishëm
Preda	Pre
Preistorico	Parhistorik
Rapace	Raptor
Rettile	Zvarranik
Scomparsa	Zhdukja
Specie	Llojet
Taglia	Madhësia
Terra	Toka
Vizioso	Vicioz

Discipline Scientifiche
Disiplinat Shkencore

Anatomia	Anatomia
Archeologia	Arkeologjia
Astronomia	Astronomi
Biochimica	Biokimi
Biologia	Biologji
Botanica	Botanikë
Chimica	Kimia
Ecologia	Ekologjia
Fisiologia	Fiziologji
Geologia	Gjeologjia
Immunologia	Imunologji
Linguistica	Gjuhësi
Meccanica	Mekanika
Meteorologia	Meteorologji
Mineralogia	Mineralogjia
Neurologia	Neurologji
Psicologia	Psikologji
Sociologia	Sociologji
Termodinamica	Termodinamika
Zoologia	Zoologji

Ecologia
Ekologjia

Clima	Klima
Comunità	Komunitetet
Diversità	Diversiteti
Fauna	Faunë
Flora	Flora
Globale	Globale
Habitat	Habitat
Marino	Detare
Montagne	Malet
Natura	Natyra
Naturale	Natyrore
Palude	Kënetë
Piante	Bimët
Risorse	Burimet
Siccità	Thatësia
Sopravvivenza	Mbijetesa
Specie	Llojet
Vegetazione	Bimësia
Volontari	Vullnetarë

Edifici
Ndërtesat

Ambasciata	Ambasada
Appartamento	Apartament
Cabina	Kabina
Castello	Kështjella
Cinema	Kinema
Fabbrica	Fabrikë
Fattoria	Fermë
Fienile	Hambar
Hotel	Hotel
Laboratorio	Laborator
Museo	Muze
Ospedale	Spital
Osservatorio	Observatori
Scuola	Shkolla
Stadio	Stadiumi
Supermercato	Supermarket
Teatro	Teatri
Tenda	Çadër
Torre	Kullë
Università	Universiteti

Emozioni
Emocionet

Amore	Dashuri
Beatitudine	Lumturi
Contenuto	Përmbajtja
Gentilezza	Mirësi
Gioia	Gëzim
Grato	Mirënjohës
Noia	Mërzia
Pace	Paqe
Paura	Frikë
Rabbia	Zemërimi
Rilassato	Relaksuar
Rilievo	Lehtësim
Simpatia	Simpati
Soddisfatto	Të Kënaqur
Sorpresa	Surprizë
Tenerezza	Butësi
Tranquillità	Qetësi
Tristezza	Trishtim

Erboristeria
Herbalizëm

Italiano	Shqip
Aglio	Hudhër
Aromatico	Aromatike
Coriandolo	Koriandër
Culinario	Kulinari
Dragoncello	Dragua
Finocchio	Kopër
Fiore	Lule
Giardino	Kopsht
Ingrediente	Përbërës
Lavanda	Livando
Maggiorana	Borzilok
Menta	Nenexhik
Origano	Rigon
Pianta	Bimë
Prezzemolo	Majdanoz
Qualità	Cilësia
Rosmarino	Rozmarinë
Timo	Trumzë
Verde	E Gjelbër
Zafferano	Shafran

Escursionismo
Ecje

Acqua	Uji
Animali	Kafshët
Campeggio	Kamping
Clima	Klima
Guide	Udhëzues
Mappa	Hartë
Montagna	Mal
Natura	Natyra
Orientamento	Orientim
Parchi	Parqet
Pericoli	Rreziqet
Pesante	E Rëndë
Pietre	Gurë
Preparazione	Përgatitja
Scogliera	Shkëmb
Selvaggio	I Egër
Sole	Diell
Stanco	Të Lodhur
Stivali	Çizme
Vertice	Samiti

Esplorazione
Eksplorimi

Animali	Kafshët
Attività	Aktiviteti
Coraggio	Guxim
Culture	Kulturat
Determinazione	Vendosmëri
Eccitazione	Eksitim
Esaurimento	Lodhje
Lingua	Gjuhë
Nuovo	I Ri
Per Imparare	Për të Mësuar
Pericoli	Rreziqet
Pericoloso	Rrezikshme
Ricerca	Kërkim
Sconosciuto	Panjohur
Scoperta	Zbulimi
Selvaggio	I Egër
Spazio	Hapësirë
Terreno	Terreni
Viaggio	Udhëtimi

Estate
Verë

Amici	Miq
Campeggio	Kamping
Casa	Shtëpi
Cibo	Ushqim
Famiglia	Familje
Giardino	Kopsht
Giochi	Lojëra
Gioia	Gëzim
Immersione	Zhytje
Libri	Libra
Mare	Det
Musica	Muzika
Ricordi	Kujtimet
Rilassamento	Çlodhje
Sandali	Sandale
Spiaggia	Plazh
Stelle	Yjet
Tempo Libero	Koha e Lirë
Vacanza	Pushime
Viaggio	Udhëtimi

Famiglia
Familja

Antenato	Paraardhës
Bambino	Fëmijë
Cugino	Kushëri
Figlia	Vajzë
Fratello	Vëlla
Infanzia	Fëmijëria
Madre	Nëna
Marito	Burri
Materno	Nënës
Moglie	Gruaja
Nipote	Nipi
Nipote	Mbesë
Nipote	Nipi
Nonna	Gjyshja
Nonno	Gjyshi
Padre	Baba
Paterno	Atërore
Sorella	Motër
Zia	Hallë
Zio	Xhaxhai

Fantascienza
Fiction Shkencor

Atomico	Atomike
Cinema	Kinema
Distopia	Distopia
Esplosione	Shpërthim
Estremo	Ekstrem
Fantastico	Fantastik
Fuoco	Zjarr
Futuristico	Futurist
Galassia	Galaktikë
Illusione	Iluzion
Immaginario	Imagjinare
Libri	Libra
Misterioso	Misterioze
Mondo	Botë
Oracolo	Orakulli
Pianeta	Planet
Realistico	Realiste
Robot	Robotët
Tecnologia	Teknologji
Utopia	Utopi

Fattoria #1
Ferma Numër 1

Acqua	Uji
Agricoltura	Bujqësia
Ape	Bletë
Asino	Gomar
Campo	Fusha
Cane	Qen
Capra	Dhi
Cavallo	Kalë
Fertilizzante	Pleh
Fieno	Sanë
Gatto	Mace
Gregge	Kope
Maiale	Derr
Miele	Mjaltë
Mucca	Lopë
Pollo	Pulë
Recinto	Gardh
Riso	Oriz
Semi	Fara
Vitello	Viç

Fattoria #2
Ferma Numër 2

Agnello	Qengj
Agricoltore	Fermer
Anatra	Rosa
Animali	Kafshët
Cibo	Ushqim
Fienile	Hambar
Frutta	Fruta
Frutteto	Pemishte
Grano	Gruri
Irrigazione	Ujitje
Lama	Llama
Latte	Qumësht
Mais	Misri
Maturo	Pjekur
Oche	Patat
Orzo	Elb
Pastore	Bariu
Pecora	Dele
Prato	Livadh
Trattore	Traktor

Fiori
Lule

Gardenia	Gardenia
Gelsomino	Jasemini
Giglio	Zambak
Girasole	Luledielli
Ibisco	Hibiscus
Lavanda	Livando
Lilla	Jargavan
Magnolia	Magnolia
Margherita	Daisy
Mazzo	Buqetë
Narciso	Daffodil
Orchidea	Orkide
Papavero	Lulëkuqe
Passiflora	Lule Pasioni
Peonia	Bozhure
Petalo	Petal
Plumeria	Plumeria
Rosa	Trëndafil
Trifoglio	Tërfili
Tulipano	Tulep

Foresta Pluviale
Pyjet e Shiut

Anfibi	Amfibët
Botanico	Botanik
Clima	Klima
Comunità	Komuniteti
Diversità	Diversiteti
Giungla	Xhungël
Indigeno	Audigjen
Insetti	Insektet
Mammiferi	Gjitarët
Muschio	Myshk
Natura	Natyra
Nuvole	Retë
Preservazione	Ruajtja
Prezioso	Me Vlerë
Restauro	Restaurimi
Rifugio	Strehë
Rispetto	Respekt
Sopravvivenza	Mbijetesa
Specie	Llojet
Uccelli	Zogjtë

Forme
Format

Angolo	Qoshe
Arco	Hark
Bordi	Skajet
Cerchio	Rreth
Cilindro	Cilindri
Cono	Kon
Cubo	Kube
Curva	Kurve
Ellisse	Elips
Iperbole	Hiperbola
Lato	Anë
Linea	Linjë
Ovale	Ovale
Piramide	Piramida
Poligono	Poligoni
Prisma	Prizëm
Quadrato	Sheshi
Rettangolo	Drejtkëndësh
Sfera	Sferë
Triangolo	Trekëndësh

Forniture Artistiche
Furnizimet e Artit

Acqua	Uji
Acquerelli	Bojëra Uji
Acrilico	Akrilik
Argilla	Argjilë
Carbone	Qymyr Druri
Carta	Letër
Cavalletto	Këmbalec
Colla	Ngjitës
Colori	Ngjyrat
Creatività	Fantazia
Gomma	Gomë
Idee	Ide
Inchiostro	Bojë
Matite	Lapsa
Olio	Vaj
Pastelli	Pastele
Sedia	Karrige
Spazzole	Furca
Tavolo	Tabela
Telecamera	Kamera

Frutta
Fruta

Italiano	Shqip
Albicocca	Kajsi
Ananas	Ananas
Arancia	Portokalli
Avocado	Avokado
Banana	Banane
Ciliegia	Qershi
Fico	Fig
Kiwi	Kivi
Lampone	Mjedër
Limone	Limon
Mango	Mango
Mela	Mollë
Melone	Pjepër
Mora	Ferrë
Nettarina	Nektarinë
Papaia	Papaja
Pera	Dardhë
Pesca	Pjeshkë
Prugna	Kumbull
Uva	Rrushit

Gatti
Macet

Affettuoso	Dashur
Artiglio	Thua
Cacciatore	Gjuetar
Coda	Bisht
Curioso	Kureshtarë
Divertente	Qesharake
Dormire	Fle
Filo	Fije
Indipendente	I Pavarur
Pazzo	I Çmendur
Pelliccia	Lesh
Personalità	Personalitet
Poco	Pak
Selvaggio	I Egër
Timido	I Turpshëm
Topo	Miu
Veloce	Shpejt
Zampa	Paw

Gentilezza
Mirësia

Affettuoso	Dashur
Affidabile	I Besueshëm
Amichevole	Miqësore
Amorevole	Të Dashur
Attento	Kujdes
Compassionevole	Të Dhembshur
Comprensione	Kuptim
Felice	Gëzuar
Generoso	Bujar
Genuino	Gjinë
Onesto	Ndershëm
Ospitale	Mikpritës
Paziente	Pacient
Ricettivo	Pranues
Rispettoso	Respektueshëm
Tollerante	Tolerant
Utile	Ndihmues

Geografia
Gjeografia

Altitudine	Lartësi
Atlante	Atlas
Città	Qytet
Continente	Kontinent
Emisfero	Hemisfera
Fiume	Lumi
Isola	Ishull
Latitudine	Gjerësi
Longitudine	Gjatësia
Mappa	Hartë
Mare	Det
Meridiano	Meridian
Mondo	Botë
Montagna	Mal
Nord	Veri
Ovest	Perëndim
Paese	Vendi
Regione	Rajon
Sud	Jug
Territorio	Territori

Geologia
Gjeologjia

Acido	Acid
Altopiano	Pllajë
Calcio	Kalcium
Caverna	Shpellë
Continente	Kontinent
Corallo	Koral
Cristalli	Kristale
Erosione	Erozioni
Fossile	Fosile
Geyser	Gejzer
Lava	Lava
Minerali	Mineralet
Pietra	Gur
Quarzo	Kuarc
Sale	Kripë
Stalagmiti	Stalagmitet
Stalattite	Stalaktit
Strato	Shtresë
Terremoto	Tërmet
Vulcano	Vullkan

Giardino
Kopshti

Albero	Pemë
Amaca	Hamak
Cespuglio	Bush
Erba	Bari
Fiore	Lule
Frutteto	Pemishte
Garage	Garazh
Giardino	Kopsht
Pala	Lopatë
Panca	Stol
Portico	Verandë
Prato	Lëndinë
Rastrello	Grabujë
Recinto	Gardh
Stagno	Pellg
Suolo	Tokës
Terrazza	Tarracë
Trampolino	Trampolinë
Tubo	Çorape
Vite	Hardhisë

Ginnastica
Gjimnastikë

Agilità	Shkathtësi
Allenatore	Trajner
Body	Leotardët
Cerchio	Hoop
Combinazioni	Kombinimet
Forza	Forcë
Gesso	Shkumës
Ginnasti	Gjimnastët
Giudice	Gjyqtar
Individuale	Individual
Mani	Duart
Musica	Muzika
Palestra	Gjimnazi
Punteggi	Rezultatet
Routine	Rutinë
Salto	Kërcim
Squadra	Ekipi

Giocattoli
Lodrat

Aereo	Aeroplan
Aquilone	Qift
Argilla	Argjilë
Artigianato	Zanatet
Auto	Makina
Bambola	Kukull
Barca	Varkë
Batteria	Bateri
Bicicletta	Biçikletë
Camion	Kamion
Giochi	Lojëra
Immaginazione	Imagjinatë
Libri	Libra
Palla	Top
Preferito	E Preferuara
Puzzle	Enigmë
Robot	Roboti
Scacchi	Shah
Treno	Tren
Vernici	Bojërat

Giorni e Mesi
Ditët dhe Muajt

Agosto	Gusht
Anno	Viti
Aprile	Prill
Calendario	Kalendar
Dicembre	Dhjetor
Domenica	E Diel
Febbraio	Shkurt
Gennaio	Janar
Giugno	Qershor
Luglio	Korrik
Lunedì	E Hënë
Martedì	E Martë
Mercoledì	E Mërkurë
Mese	Muaj
Novembre	Nëntor
Ottobre	Tetor
Sabato	E Shtunë
Settembre	Shtator
Settimana	Java
Venerdì	E Premte

Guida
Ngasja

Attenzione	Kujdes
Auto	Makina
Autobus	Autobus
Carburante	Karburant
Freni	Frenat
Garage	Garazh
Gas	Gaz
Incidente	Aksident
Licenza	Liçensë
Mappa	Hartë
Moto	Motor
Pedonale	Këmbësor
Pericolo	Rrezik
Polizia	Policia
Sicurezza	Siguria
Strada	Rrugë
Traffico	Trafiku
Trasporto	Transporti
Tunnel	Tunel
Velocità	Shpejtësi

Imbarcazioni
Varkat

Albero	Direk
Ancora	Spirancë
Barca a Vela	Varkë me Vela
Boa	Vozë mbi Ujë
Canoa	Kanoe
Corda	Litar
Equipaggio	Ekuipazhi
Fiume	Lumi
Kayak	Kajak
Lago	Liqeni
Mare	Det
Marea	Baticë
Marinaio	Marinar
Motore	Motor
Nautico	Detare
Oceano	Oqean
Onde	Valët
Traghetto	Traget
Yacht	Jaht
Zattera	Raft

Insetti
Insektet

Afide	Aphid
Ape	Bletë
Calabrone	Brëzi
Cavalletta	Karkalec
Cicala	Cicada
Coccinella	Ladybug
Coleottero	Brumbulli
Falena	Molë
Farfalla	Flutur
Formica	Milingonë
Larva	Larva
Libellula	Pilivesë
Locusta	Karkaleci
Mantide	Mantis
Pulce	Plesht
Scarafaggio	Kacabu
Termite	Termit
Verme	Krimbi
Vespa	Grenzë
Zanzara	Mushkonjë

Letteratura
Letërsia

Italiano	Shqip
Analisi	Analiza
Analogia	Analogjia
Aneddoto	Anekdotë
Autore	Autor
Biografia	Biografia
Conclusione	Përfundim
Confronto	Krahasim
Descrizione	Përshkrim
Dialogo	Dialogu
Genere	Zhanër
Metafora	Metafora
Opinione	Opinion
Poesia	Poemë
Poetico	Poetike
Rima	Rimë
Ritmo	Ritëm
Romanzo	Roman
Stile	Stili
Tema	Tema
Tragedia	Tragjedi

Libri
Librat

Italiano	Shqip
Autore	Autor
Avventura	Aventurë
Collezione	Mbledhja
Contesto	Kontekst
Dualità	Dualitet
Epico	Epikë
Inventivo	Krijues
Letterario	Letrare
Lettore	Lexues
Narratore	Narrator
Pagina	Faqe
Poesia	Poezi
Rilevante	Relevante
Romanzo	Roman
Scritto	Shkruar
Serie	Seri
Storia	Histori
Storico	Historike
Tragico	Tragjike
Umoristico	Humor

Mammiferi
Gjitarët

Italiano	Shqip
Balena	Balena
Cane	Qen
Canguro	Kangur
Cavallo	Kalë
Cervo	Dre
Coniglio	Lepuri
Coyote	Kojotë
Delfino	Delfin
Elefante	Elefanti
Gatto	Mace
Giraffa	Gjirafë
Gorilla	Gorilla
Leone	Luani
Lupo	Ujku
Orso	Ariu
Pecora	Dele
Scimmia	Majmun
Toro	Dem
Volpe	Foks
Zebra	Zebër

Matematica
Matematikë

Italiano	Shqip
Angoli	Këndet
Aritmetica	Aritmetikë
Circonferenza	Rrethenca
Decimale	Dhjetore
Diametro	Diametri
Divisione	Divizioni
Equazione	Ekuacioni
Esponente	Eksponent
Frazione	Thyesë
Geometria	Gjeometria
Parallelo	Paralel
Parallelogramma	Paralelogram
Perimetro	Perimetër
Poligono	Poligoni
Quadrato	Sheshi
Rettangolo	Drejtkëndësh
Simmetria	Simetri
Somma	Shumë
Triangolo	Trekëndësh
Volume	Vëllimi

Meditazione
Meditimi

Italiano	Shqip
Accettazione	Pranimi
Attenzione	Kujdes
Calma	Qetësi
Chiarezza	Qartësi
Compassione	Dhembshuri
Emozioni	Emocionet
Gentilezza	Mirësi
Gratitudine	Mirënjohje
Mentale	Mendore
Mente	Mendje
Movimento	Lëvizja
Musica	Muzika
Natura	Natyra
Osservazione	Vrojtim
Pace	Paqe
Pensieri	Mendime
Postura	Postura
Prospettiva	Perspektivë
Respirazione	Frymëmarrja
Silenzio	Heshtje

Meteo
Moti

Italiano	Shqip
Arcobaleno	Ylber
Asciutto	Thatë
Atmosfera	Atmosferë
Brezza	Fllad
Cielo	Qiell
Clima	Klima
Fulmine	Rrufe
Ghiaccio	Akull
Monsone	Muson
Nebbia	Mjegull
Nube	Re
Polare	Polare
Siccità	Thatësia
Temperatura	Temperaturë
Tempesta	Stuhi
Tornado	Tornado
Tropicale	Tropikal
Tuono	Bubullim
Umido	Lagësht
Vento	Era

Misurazioni
Matjet

Altezza	Lartësia
Byte	Bajt
Centimetro	Centimetër
Chilogrammo	Kilogram
Chilometro	Kilometër
Decimale	Dhjetore
Grado	Gradë
Grammo	Gram
Larghezza	Gjerësia
Litro	Litër
Lunghezza	Gjatësia
Metro	Matës
Minuto	Minutë
Oncia	Ons
Peso	Pesha
Pinta	Pintë
Pollice	Inç
Profondità	Thellësi
Tonnellata	Ton
Volume	Vëllimi

Mitologia
Mitologji

Archetipo	Arketipi
Comportamento	Sjellje
Creatura	Krijesa
Creazione	Krijim
Cultura	Kultura
Disastro	Fatkeqësi
Divinità	Hyjnitë
Eroe	Hero
Forza	Forcë
Fulmine	Rrufe
Gelosia	Xhelozia
Guerriero	Luftëtari
Immortalità	Pavdekësia
Labirinto	Labirint
Leggenda	Legjenda
Magico	Magjike
Mortale	Vdekshëm
Mostro	Përbindësh
Tuono	Bubullima
Vendetta	Hakmarrje

Mobili
Mobilje

Amaca	Hamak
Armoire	Armoire
Cuscini	Jastëkë
Cuscino	Jastëk
Divano	Shtrat
Futon	Futon
Lampada	Llambë
Letto	Krevat
Materasso	Dyshek
Panca	Stol
Poltrona	Kolltuk
Scaffali	Raftet
Scrivania	Tavolinë
Sedia	Karrige
Specchio	Pasqyrë
Tappeto	Qilim
Tende	Perde

Natura
Natyra

Animali	Kafshët
Api	Bletët
Artico	Arktik
Bellezza	Bukuri
Deserto	Shkretëtirë
Dinamico	Dinamike
Erosione	Erozioni
Fiume	Lumi
Fogliame	Gjeth
Foresta	Pyll
Ghiacciaio	Akullnajë
Montagne	Malet
Nebbia	Mjegull
Nuvole	Retë
Rifugio	Strehë
Santuario	Shenjtërorja
Selvaggio	I Egër
Sereno	Qetë
Tropicale	Tropikal
Vitale	Jetësore

Numeri
Numrat

Cinque	Pesë
Decimale	Dhjetore
Diciotto	Tetëmbëdhjetë
Dieci	Dhjetë
Dodici	Dymbëdhjetë
Due	Dy
Matematica	Matematikë
Nove	Nëntë
Otto	Tetë
Quattro	Katër
Quindici	Pesëmbëdhjetë
Sei	Gjashtë
Sette	Shtatë
Tre	Tre
Tredici	Trembëdhjetë
Uno	Një
Venti	Njëzet
Zero	Zero

Nutrizione
Të Ushqyerit

Amaro	E Hidhur
Appetito	Oreksi
Bilanciato	Balancuar
Calorie	Kaloritë
Carboidrati	Karbohidratet
Commestibile	Ngrënshëm
Dieta	Dietë
Digestione	Tretje
Fermentazione	Fermentimi
Gusto	Aromë
Liquidi	Lëngjet
Peso	Pesha
Proteine	Proteinat
Qualità	Cilësia
Salsa	Salcë
Salute	Shëndeti
Sano	I Shëndetshëm
Spezie	Erëza
Tossina	Toksinë
Vitamina	Vitamina

Oceano
Oqeani

Anguilla	Ngjala
Balena	Balena
Barca	Varkë
Corallo	Koral
Delfino	Delfin
Gamberetto	Karkaleca
Granchio	Gaforrja
Maree	Baticat
Medusa	Kandil Deti
Onde	Valët
Ostrica	Gocë Deti
Pesce	Peshk
Polpo	Oktapod
Sale	Kripë
Scogliera	Gumë
Spugna	Sfungjer
Squalo	Peshkaqen
Tartaruga	Breshkë
Tempesta	Stuhi
Tonno	Tuna

Paesaggi
Peizazhet

Cascata	Ujëvarë
Collina	Kodër
Deserto	Shkretëtirë
Fiume	Lumi
Geyser	Gejzer
Ghiacciaio	Akullnajë
Grotta	Shpellë
Iceberg	Ajsberg
Isola	Ishull
Lago	Liqeni
Mare	Det
Montagna	Mal
Oasi	Oazë
Oceano	Oqean
Palude	Moçal
Penisola	Gadishull
Spiaggia	Plazh
Tundra	Tundër
Valle	Luginë
Vulcano	Vullkan

Paesi #2
Vendet #2

Albania	Shqipëria
Danimarca	Danimarkë
Etiopia	Etiopi
Giamaica	Xhamajka
Giappone	Japoni
Grecia	Greqi
Haiti	Haiti
Indonesia	Indonezi
Irlanda	Irlanda
Laos	Laos
Liberia	Liberi
Messico	Meksikë
Nepal	Nepal
Nigeria	Nigeri
Pakistan	Pakistan
Russia	Rusi
Siria	Siri
Sudan	Sudan
Ucraina	Ukrainë
Uganda	Ugandë

Pesca
Peshkimi

Acqua	Uji
Attrezzatura	Pajisje
Barca	Varkë
Branchie	Gushë
Cesto	Shportë
Cucinare	Gatuaj
Esagerazione	Ekzagjerim
Esca	Karrem
Filo	Tel
Fiume	Lumi
Gancio	Grep
Lago	Liqeni
Mascella	Nofulla
Oceano	Oqean
Pazienza	Durim
Peso	Pesha
Pinne	Fins
Spiaggia	Plazh
Stagione	Sezon

Piante
Bimët

Albero	Pemë
Bambù	Bambu
Botanica	Botanikë
Cactus	Kaktus
Cespuglio	Bush
Crescere	Rritu
Edera	Ivy
Erba	Bari
Fagiolo	Fasule
Fertilizzante	Pleh
Fiore	Lule
Flora	Flora
Foglia	Fletë
Fogliame	Gjeth
Foresta	Pyll
Giardino	Kopsht
Muschio	Myshk
Petalo	Petal
Radice	Rrënjë
Vegetazione	Bimësia

Pirati
Piratët

Ancora	Spirancë
Avventura	Aventurë
Bandiera	Flamur
Bussola	Busull
Capitano	Kapiten
Cattivo	Keq
Cicatrice	Mbresë
Equipaggio	Ekuipazhi
Grotta	Shpellë
Isola	Ishull
Leggenda	Legjenda
Mappa	Hartë
Monete	Monedha
Oro	Ar
Pappagallo	Papagall
Pericolo	Rrezik
Rum	Rum
Spada	Shpatë
Spiaggia	Plazh
Tesoro	Thesar

Professioni #1
Profesionet Numër 1

Allenatore	Trajner
Ambasciatore	Ambasador
Artista	Artist
Astronomo	Astronom
Avvocato	Avokat
Ballerino	Balerin
Banchiere	Bankier
Cacciatore	Gjuetar
Cartografo	Hartograf
Editore	Redaktor
Farmacista	Farmacist
Geologo	Gjeolog
Gioielliere	Gjuhari
Idraulico	Hidraulik
Infermiera	Infermiere
Musicista	Muzikant
Pianista	Pianist
Psicologo	Psikolog
Scienziato	Shkencëtar
Veterinario	Veteriner

Professioni #2
Profesionet Numër 2

Astronauta	Astronaut
Bibliotecario	Bibliotekar
Biologo	Biolog
Chirurgo	Kirurg
Dentista	Dentisti
Filosofo	Filozof
Fotografo	Fotograf
Giardiniere	Kopshtar
Giornalista	Gazetar
Illustratore	Ilustrues
Ingegnere	Inxhinier
Insegnante	Mësues
Inventore	Shpikësi
Investigatore	Hetues
Linguista	Gjuhëtar
Medico	Mjek
Pilota	Pilot
Pittore	Piktor
Ricercatore	Studiues
Zoologo	Zoolog

Riempire
Për të Mbushur

Bacino	Legen
Barile	Fuçi
Borsa	Çantë
Bottiglia	Shishe
Busta	Zarf
Cartella	Dosje
Cartone	Kartoni
Cassa	Arkë
Cassetto	Sirtar
Cesto	Shportë
Nave	Anije
Pacchetto	Pako
Scatola	Kuti
Secchio	Kovë
Tasca	Xhep
Tubo	Gyp
Valigia	Valixhe
Vasca	Vaskë
Vaso	Vazo
Vassoio	Tabaka

Ristorante #2
Restoranti Numër 2

Acqua	Uji
Aperitivo	Meze
Bevanda	Pije
Cameriere	Kamarier
Cena	Darka
Cucchiaio	Lugë
Delizioso	E Shijshme
Forchetta	Pirun
Frutta	Fruta
Ghiaccio	Akull
Insalata	Sallatë
Minestra	Supë
Pesce	Peshk
Pranzo	Drekë
Sale	Kripë
Sedia	Karrige
Spezie	Erëza
Torta	Tortë
Uova	Vezë
Verdure	Perimet

Scacchi
Shahu

Avversario	Kundërshtar
Bianco	E Bardhë
Campione	Kampion
Concorso	Konkurs
Diagonale	Diagonale
Giocatore	Lojtar
Gioco	Lojë
Nero	E Zezë
Passivo	Pasive
Per Imparare	Për të Mësuar
Punti	Pikë
Re	Mbret
Regina	Mbretëresha
Regole	Rregullat
Sacrificio	Sakrificë
Sfide	Sfidat
Strategia	Strategjia
Tempo	Koha
Torneo	Turneu

Scienza
Shkenca

Atomo	Atom
Chimico	Kimike
Clima	Klima
Dati	Të Dhëna
Esperimento	Eksperiment
Evoluzione	Evolucioni
Fatto	Fakt
Fisica	Fizika
Fossile	Fosile
Gravità	Graviteti
Ipotesi	Hipoteza
Laboratorio	Laborator
Metodo	Metoda
Minerali	Mineralet
Molecole	Molekulat
Natura	Natyra
Organismo	Organizëm
Osservazione	Vrojtim
Particelle	Grimcat
Scienziato	Shkencëtar

Scuola #1
Shkolla #1

Alfabeto	Alfabeti
Amici	Miq
Aula	Klasë
Biblioteca	Librari
Carta	Letër
Cartelle	Dosjet
Divertimento	Argëtim
Esami	Provimet
Insegnante	Mësues
Libri	Libra
Marcatori	Shënuesit
Matematica	Matematikë
Matita	Laps
Numeri	Numrat
Penne	Stilolapsa
Pranzo	Drekë
Quiz	Kuiz
Risposte	Përgjigjet
Scrivania	Tavolinë
Sedia	Karrige

Scuola #2
Shkolla #2

Accademico	Akademik
Autobus	Autobus
Biblioteca	Librari
Calendario	Kalendar
Carta	Letër
Computer	Kompjuter
Dizionario	Fjalor
Educazione	Arsimi
Forbici	Gërshërë
Giochi	Lojëra
Grammatica	Gramatika
Insegnante	Mësues
Letteratura	Letërsi
Lettura	Leximi
Libri	Libra
Matematica	Matematikë
Matita	Laps
Scarpe	Këpucë
Scienza	Shkenca
Zaino	Shpinës

Spezie
Melmesat

Aglio	Hudhër
Amaro	E Hidhur
Anice	Anise
Cannella	Kanellë
Cardamomo	Kardamom
Cipolla	Qepë
Coriandolo	Koriandër
Cumino	Qimnon
Curry	Kerri
Dolce	E Ëmbël
Finocchio	Kopër
Gusto	Aromë
Liquirizia	Jamball
Noce Moscata	Arrëmyshk
Paprika	Spec i Kuq
Pepe	Piper
Sale	Kripë
Vaniglia	Vanilje
Zafferano	Shafran
Zenzero	Xhenxhefil

Spiaggia
Plazhi

Asciugamano	Peshqir
Barca	Varkë
Barca a Vela	Varkë me Vela
Blu	Blu
Costa	Bregdet
Dock	Dok
Granchio	Gaforrja
Isola	Ishull
Laguna	Lagunë
Mare	Det
Oceano	Oqean
Ombrello	Ombrellë
Sabbia	Rërë
Sandali	Sandale
Scogliera	Gumë
Sole	Diell
Vacanza	Pushime

Sport
Sportive

Allenatore	Trajner
Arbitro	Arbitër
Atleta	Atlet
Baseball	Bejsbolli
Basket	Basketboll
Bicicletta	Biçikletë
Campionato	Kampionati
Ginnastica	Gjimnastikë
Giocatore	Lojtar
Gioco	Lojë
Golf	Golf
Hockey	Hokej
Movimento	Lëvizja
Palestra	Gjimnazi
Squadra	Ekipi
Stadio	Stadiumi
Tennis	Tenis
Vincitore	Fitues

Strumenti Musicali
Instrumentet Muzikore

Armonica	Harmonikë
Arpa	Harp
Banjo	Banjo
Chitarra	Kitarë
Clarinetto	Klarinetë
Fagotto	Fageg
Flauto	Flaut
Gong	Gong
Mandolino	Mandolinë
Marimba	Marimba
Oboe	Oboe
Percussione	Goditje
Pianoforte	Piano
Sassofono	Saksofon
Tamburello	Dajre
Tamburo	Daulle
Tromba	Trumbetë
Trombone	Trombon
Violino	Violinë
Violoncello	Violonçel

Strumenti di Cottura
Mjetet e Gatimit

Bollitore	Ibrik
Colino	Kolander
Coltello	Thikë
Coperchio	Kapak
Cucchiaio	Lugë
Filtro	Sitë
Forbici	Gërshërë
Forchetta	Pirun
Forno	Furrë
Frigorifero	Frigorifer
Frullatore	Blender
Grattugia	Rende
Posate	Takëm
Spatola	Shpatull
Stufa	Sobë
Termometro	Termometër
Tostapane	Dolli

Surf
Sërf

Atleta	Atlet
Campione	Kampion
Divertimento	Argëtim
Estremo	Ekstrem
Folla	Turmat
Forza	Forcë
Meteo	Moti
Oceano	Oqean
Onda	Valë
Pagaia	Vozis
Popolare	Popullore
Principiante	Fillestar
Schiuma	Shkumë
Scogliera	Gumë
Spiaggia	Plazh
Stile	Stili
Stomaco	Bark
Velocità	Shpejtësi

Tecnologia
Teknologjia

Blog	Blog
Browser	Shfletuesi
Byte	Bytes
Computer	Kompjuter
Cursore	Kursor
Dati	Të Dhëna
Digitale	Dixhital
File	Dosje
Font	Font
Internet	Interneti
Messaggio	Mesazh
Ricerca	Kërkime
Schermo	Ekran
Sicurezza	Siguria
Software	Softuer
Statistiche	Statistika
Telecamera	Kamera
Virtuale	Virtual
Virus	Virusi

Tempo
Koha

Anno	Viti
Annuale	Vjetor
Calendario	Kalendar
Decennio	Dekade
Dopo	Pas
Futuro	E Ardhmja
Giorno	Dita
Ieri	Dje
Mattina	Mëngjes
Mese	Muaj
Mezzogiorno	Mesditë
Minuto	Minutë
Momento	Moment
Notte	Natë
Oggi	Sot
Ora	Orë
Presto	Së Shpejti
Prima	Para
Secolo	Shekulli
Settimana	Java

Tipi di Capelli
Llojet e Flokeve

Argento	Argjendi
Asciutto	Thatë
Bianco	E Bardhë
Biondo	Bjond
Breve	I Shkurtër
Calvo	Tullac
Colorato	Me Ngjyrë
Grigio	Gry
Intrecciato	Endur
Lungo	Gjatë
Marrone	Kafe
Morbido	Butë
Nero	E Zezë
Ondulato	Me Onde
Riccio	Kaçurrel
Riccioli	Curls
Sano	I Shëndetshëm
Sottile	I Hollë
Spessore	E Trashë
Trecce	Gërsheta

Uccelli
Zogjtë

Airone	Heron
Anatra	Rosa
Aquila	Shqiponja
Cicogna	Lejlek
Cigno	Mjellmë
Colomba	Pëllumb
Cuculo	Qyqe
Falco	Shikurt
Fenicottero	Flamingo
Gabbiano	Pulëbardhë
Oca	Patë
Pappagallo	Papagall
Passero	Harabeli
Pavone	Pallua
Pellicano	Pelikan
Pinguino	Pinguin
Pollo	Pulë
Struzzo	Struci
Tucano	Toucan
Uovo	Vezë

Vacanze #2
Pushimet Numër 2

Aeroporto	Aeroport
Campeggio	Kamping
Destinazione	Destinacioni
Foto	Fotografitë
Hotel	Hotel
Isola	Ishull
Mappa	Hartë
Mare	Det
Montagne	Malet
Passaporto	Pasaportë
Ristorante	Restorant
Spiaggia	Plazh
Straniero	I Huaj
Taxi	Taksi
Tempo Libero	Koha e Lirë
Tenda	Çadër
Trasporto	Transporti
Treno	Tren
Viaggio	Udhëtim
Visto	Viza

Veicoli
Automjetet

Aereo	Aeroplan
Ambulanza	Ambulanca
Auto	Makina
Autobus	Autobus
Barca	Varkë
Bicicletta	Biçikletë
Camion	Kamion
Caravan	Karvan
Elicottero	Helikopter
Metropolitana	Metro
Motore	Motor
Pneumatici	Goma
Razzo	Raketë
Scooter	Skuter
Sottomarino	Nëndetëse
Taxi	Taksi
Traghetto	Traget
Trattore	Traktor
Treno	Tren
Zattera	Raft

Verdure
Perimet

Aglio	Hudhër
Broccolo	Brokoli
Carciofo	Angjinarja
Carota	Karrota
Cetriolo	Kastravec
Cipolla	Qepë
Fungo	Kërpudha
Insalata	Sallatë
Melanzana	Patëllxhan
Patata	Patate
Pisello	Bizele
Pomodoro	Domate
Prezzemolo	Majdanoz
Rapa	Rrepë
Ravanello	Rrepkë
Scalogno	Shallot
Sedano	Selino
Spinaci	Spinaq
Zenzero	Xhenxhefil
Zucca	Kungull

Vestiti
Rrobat

Abito	Veshje
Braccialetto	Byzylyk
Camicetta	Bluzë
Camicia	Këmishë
Cappello	Kapelë
Cappotto	Pallto
Cintura	Rrip
Collana	Gjerdan
Giacca	Xhaketë
Gonna	Skaj
Grembiule	Platformë
Guanti	Doreza
Jeans	Xhins
Maglione	Triko
Moda	Moda
Pantaloni	Pantallona
Pigiama	Pizhama
Sandali	Sandale
Scarpa	Mbath
Sciarpa	Shall

Congratulazioni

Ce l'hai fatta!

Speriamo che questo libro vi sia piaciuto tanto quanto a noi è piaciuto concepirlo. Ci sforziamo di creare libri della più alta qualità possibile.
Questa edizione è progettata per fornire un apprendimento intelligente, di qualità e divertente!

Le è piaciuto questo libro?

Una Semplice Richiesta

Questi libri esistono grazie alle recensioni che pubblicate.

Puoi aiutarci lasciando una recensione
ora a questo link ?

BestBooksActivity.com/Recensioni50

SFIDA FINALE!

Sfida n°1

Sei pronto per il tuo gioco gratuito? Li usiamo sempre, ma non sono così facili da trovare - ecco i **Sinonimi!**

Scrivi 5 parole che hai trovato nei puzzle (n° 21, n° 36, n° 76) e prova a trovare 2 sinonimi per ogni parola.

Scrivi 5 parole del **Puzzle 21**

Parole	Sinonimo 1	Sinonimo 2

Scrivi 5 parole del **Puzzle 36**

Parole	Sinonimo 1	Sinonimo 2

Scrivi 5 parole del **Puzzle 76**

Parole	Sinonimo 1	Sinonimo 2

Sfida n°2

Ora che ti sei riscaldato, scrivi 5 parole che hai trovato nei puzzle n° 9, n° 17 e n° 25 e cerca di trovare 2 contrari per ogni parola. Quanti ne puoi trovare in 20 minuti?

Scrivi 5 parole del **Puzzle 9**

Parole	Antonimo 1	Antonimo 2

Scrivi 5 parole del **Puzzle 17**

Parole	Antonimo 1	Antonimo 2

Scrivi 5 parole del **Puzzle 25**

Parole	Antonimo 1	Antonimo 2

Sfida n°3

Grande! Questa sfida non è niente per te!

Pronto per la sfida finale? Scegli 10 parole che hai scoperto nei diversi puzzle e scrivile qui sotto.

1.	6.
2.	7.
3.	8.
4.	9.
5.	10.

Ora scrivi un testo pensando a una persona, un animale o un luogo che ti piace.

Puoi usare l'ultima pagina di questo libro come bozza.

La tua composizione:

_____

_____

_____

_____

_____

_____

_____

TACCUINO:

A PRESTO!

Tutta la Squadra

SCOPRIRE GIOCHI GRATIS

GO

↓

BESTACTIVITYBOOKS.COM/FREEGAMES